Wilhelm Emmanuel von Ketteler

Der Kulturkampf gegen die kathol. Kirche

Die neuen Kirchengesetzentwürfe für Hessen

Wilhelm Emmanuel von Ketteler

Der Kulturkampf gegen die kathol. Kirche
Die neuen Kirchengesetzentwürfe für Hessen

ISBN/EAN: 9783743455627

Hergestellt in Europa, USA, Kanada, Australien, Japan

Cover: Foto ©Lupo / pixelio.de

Manufactured and distributed by brebook publishing software
(www.brebook.com)

Wilhelm Emmanuel von Ketteler

Der Kulturkampf gegen die kathol. Kirche

AUTHOR:

KETTELER, WILHELM EMMANUEL

TITLE:

DER CULTURKAMPF GEGEN DIE KATHOL ...

PLACE:

MAINZ

DATE:

1874

243.C15 Ketteler, Wilhelm Emmanuel, frei-
K515 herr von, bischof. 1811-77.
Der culturkampf gegen die
kathol. kirche und die neuen kirchen-
gesetzentwürfe für Hessen...
Mainz 1874. 7.591 D. 8+86p.

Restrictions on Use:

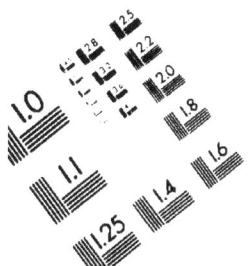

AIIM

Association for Information and Image Management

1100 Wayne Avenue, Suite 1100
Silver Spring, Maryland 20910

301/587-8202

Centimeter

1 2 3 4 5 6 7 8 9 10 11 12 13 14 15 mm

Inches

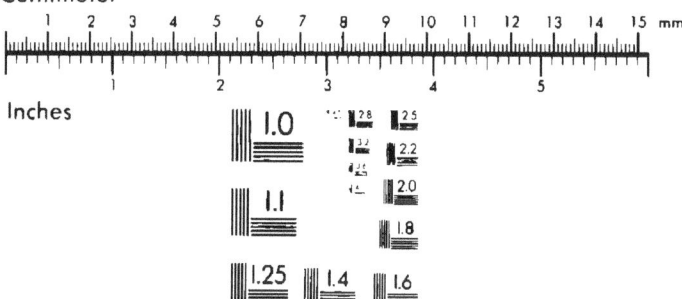

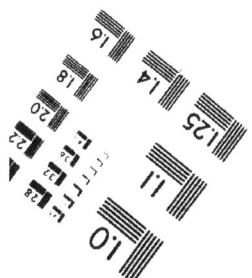

MANUFACTURED TO AIIM STANDARDS
BY APPLIED IMAGE. INC.

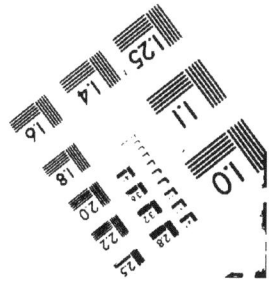

Der Culturkampf gegen die katholische Kirche.

Der

Culturkampf gegen die kathol. Kirche

und

die neuen Kirchengesetzentwürfe

für Hessen.

Von

Wilhelm Emmanuel,

Freiherrn von Ketteler,

Bischof von Mainz.

„Fürchte dich nicht, du kleine Heerde, denn es hat
eurem Vater gefallen, euch das Reich zu geben."
Luc. 12, 32.

Inhalt.

An meine geliebten Diöcesanen.

Der Zweck dieser Schrift ist, Euch Rechenschaft darüber zu geben, welche Stellung ich den neuen Gesetzvorlagen gegenüber einnehme.

Es ist meine Pflicht, dem Kaiser zu geben, was des Kaisers ist[1]; folglich den Staatsgesetzen in dem ganzen Umfange des staatlichen Gebietes in allen erlaubten Dingen um des Gewissens willen Gehorsam zu leisten. Das heilige Amt, welches mir Christus in Eurer Mitte übertragen hat, entbindet mich nicht von dieser Pflicht, sondern bestärkt dieselbe, indem ich Euch in der Achtung und Befolgung des bürgerlichen Gesetzes vorangehen muß.

Es ist aber auch zweitens meine Pflicht, Gott zu geben, was Gottes ist[2], folglich der Kirche in allen Angelegenheiten gehorsam zu sein, welche Christus den Aposteln und ihren Nachfolgern übertragen hat, nämlich in der Verkündigung und Reinerhaltung der Lehre, in der Verwaltung der heiligen Sakramente und in der Leitung der Kirche in dieser doppelten Hinsicht.

---

[1] Matth. 22, 21; Marc. 12, 17; Luc. 20, 25; Röm. 13, 7.
[2] Ebendas.

Daraus folgt eine dritte Pflicht, welche schon die Apostel dem jüdischen hohen Rath gegenüber ausübten, als dieser ihnen befahl: Durchaus nicht mehr zu reden und zu lehren im Namen Jesu. Hierauf antworteten sie nämlich: Ob es recht ist vor Gott, euch mehr zu gehorchen als Gott, das urtheilet selbst. Das wird immer und alle Zeit die Antwort der Nachfolger der Apostel und aller Christen bleiben, wenn ihnen ähnliche Zumuthungen gemacht werden.

Diese Schrift soll Euch nun zeigen, daß die Gesetzentwürfe mit der göttlichen Einrichtung der Kirche und ihren göttlichen Rechten unvereinbar sind, und daß ich sie daher nicht befolgen kann, ohne Gottes Gebot zu übertreten und den Eid zu brechen, welchen ich am Tage meiner priesterlichen Consecration vor Gott, vor der Kirche und vor der ganzen Diöcese geschworen habe.

Mainz, den 22. Februar

Auch uns steht also ein Kirchenconflict bevor, wenn ihn nicht der Gerechtigkeitssinn der Kammern und die Weisheit Sr. Königlichen Hoheit des Großherzogs von uns abwendet.

Der Verlauf desselben in Preußen hatte wohl den Gedanken nahe legen können, daß es besser sei, unser Land vor so schweren unseren Kämpfen zu bewahren. Die Verhandlungen in den beiden Kammern zu bezeugen können darüber auch bei denen, welchen katholische Lebensanschauungen ganz fremd sind, wenn sie nur einige Unbefangenheit sich bewahrt haben, keinen Zweifel übrig lassen, daß man es bei ähnlichen Gesetzen, wie die Preußischen es sind, mit dem Gewissen, mit dem Glauben, mit der religiösen Überzeugung zu thun habe, daß es für uns Katholiken keine andere Wahl gibt, als entweder unserer religiösen Überzeugung zu entsagen, oder ihnen mit allen erlaubten Mitteln Widerstand zu leisten. Es ist kaum möglich, den absoluten Gegensatz zwischen jenen Gesetzen und der katholischen Glaubensüberzeugung eingehender, erdenter, begreifbarer nachzuweisen, als es bereits in den Preußischen Kammern geschehen ist. Man kann es aber doch wohl nichts Unbilligeres und Gott wo zu jagen als ein ganzes Volk in die Alternative zu drängen, entweder mit seinem Glauben oder mit dem Staatsgesetz in Widerspruch zu kommen. Wir müssen daher hoffen und erwarten, daß auch bei unseren nichtkatholischen Mitbürgern, trotz mancherlei Vorurtheile, allmälig die Ansicht sich Bahn brechen werde, daß uns des Gewissen die Unterwerfung unter die Gesetze nicht gestatte, daß man daher darauf verzichten müsse, das Gewissen der Katholiken in Deutschland zu vergewaltigen. Unsere Erwartung ist nicht in Erfüllung gegangen. . . . .

gen. Keine noch so hohe Auseinandersetzung, kein noch so redliches Bestreben nach Verständigung und billiger Beurtheilung scheint mehr im Stande zu sein, die Vorurtheile, die Mißverständnisse, die Abneigung unserer Gegner zu überwinden, um ihnen zu beweisen, daß wir das, was sie uns zumuthen, unseres Glaubens wegen nicht können. So werden wir denn in Deutschland auf der verhängnißvollen schiefen Ebene immer weiter getrieben. Zu den funfzig Jahren Kriegsbereitschaft nach Außen, welche ein deutscher Heerführer uns in Aussicht gestellt hat, wird uns noch ein innerer Kampf aufgezwungen, dessen Ende, wenn Gott nicht Halt gebietet und die Herzen der Menschen ändert, was wir mit Zuversicht erwarten, gar nicht abzusehen ist — ein innerer Kampf, in dem ein ganzes Volk um das Heiligste, um seine Glaubensüberzeugung, um seine Gewissensfreiheit kämpft.

1. Die Nichtigkeit der angeblichen Motive dieser Gesetzvorlagen.

Wenn wir aber fragen, was denn das Großherzogliche Ministerium veranlaßt hat, die neuen Kirchengesetze vorzulegen, welche fast ganz mit den Preußischen übereinstimmen, so beweisen die Motive zu diesen Gesetzen hinreichend, daß kein inneres und praktisches Bedürfniß des Landes, keine innerhalb der Grenzen des Großherzogthums aufgetretene Thatsache, sondern lediglich theoretische Erwägungen die Veranlassung zu diesen Gesetzentwürfen gegeben haben und zwar wieder theoretische Erwägungen, die gänzlich haltlos und unwahr sind, die von den Gegnern der Kirche herstammen, unzählige Male widerlegt wurden und für die nicht eine einzige Thatsache angeführt werden kann.

Zwar wird in den Motiven auch die neue Verfassung der evangelischen Landeskirche als Grund für die Vorlage der Gesetze angegeben. Durch die Bemerkung aber, „durch die Vereinigung der obersten Staatsgewalt und des obersten Kirchenregimentes in der Hand des evangelischen Landesherrn, sowie durch die verfassungsmäßig gewordene Theilnahme der protestantischen Bevölkerung des Großherzogthums an der Besorgung der Angelegenheiten der evangelischen Landeskirche", sei im Allgemeinen Sicherheit dafür gewährt, „daß diese Kirche ihren Einfluß nicht in einem dem Staatsinteresse und dem Interesse der bürgerlichen Gesellschaft zuwiderlaufenden Geiste geltend machen wird", geben die Motive hinreichend zu erkennen, daß in ihr nicht der eigentliche Grund der neuen Gesetze zu suchen ist. Deßhalb beschäftigen sich die Motive auch hauptsächlich mit der katholischen Kirche, um die Nothwendigkeit dieser Gesetze zu begründen. Alles aber, was hier gesagt wird, beruht nicht auf Thatsachen, sondern auf falschen Voraussetzungen, auf unberechtigtem Verdachte, auf subjektiven Anschauungen.

Die Motive sagen, daß „der Gegensatz, welcher zwischen den Rechten und Interessen des Staates und den Ansprüchen der katholischen Hierarchie besteht, in neuerer Zeit mit einer stets wachsenden Schärfe hervorgetreten ist." Hiernach sollte man glauben, da es sich doch um Gesetze für das Großherzogthum Hessen handelt, daß die katholische Kirche in unserem Lande „in neuerer Zeit" neue Ansprüche erhoben habe. Davon ist aber keine Rede. Der Staat macht allerdings „in neuerer Zeit" neue und unerhörte Ansprüche, wie diese Gesetze beweisen, aber nicht die Kirche. Die wahre Sachlage ist daher gerade umgekehrt!

Die Motive behaupten ferner, „die römische Hierarchie" bestreite „dem Staate das Recht auf dem Wege der Gesetzgebung die Grenzen festzustellen, innerhalb deren sich die kirchliche Freiheit zu bewegen hat." Als Beweis wird dann die Erfahrung in Preußen angeführt, wo „die Vertreter der römisch-katholischen Kirche" glaubten, „denjenigen Staatsgesetzen keinen Gehorsam schuldig zu sein, welche die Freiheit der katholischen Kirche im Interesse der Gesammtheit beschränkten." Es wäre wohl zur Begründung der Nothwendigkeit dieser Gesetze für das Großherzogthum Hessen zweckmäßiger gewesen, sich auf Erfahrungen im eigenen Lande statt auf Preußen zu beziehen und sie aus

Thatsachen zu begründen. Zudem sind die hier citirten Sätze, so vieldeutig, daß man daraus die unwahrsten Folgerungen und Verdächtigungen ableiten kann. Die Kirche bestreitet dem Staate nicht das Recht, im Wege der Gesetzgebung über das ganze staatliche Gebiet selbstständig Anordnungen zu treffen. Sie hat sich selbst Staatsgesetze, welche in das kirchliche Gebiet mehr oder weniger eingriffen, in so weit sie nicht die göttliche Verfassung der Kirche und die zu ihrer Aufgabe wesentliche Freiheit verletzten, vielfach gefallen lassen, wenn sie auch das Recht zu denselben nicht anerkennen konnte. Wenn aber Gesetze der Art sind, daß sie die göttliche Verfassung der Kirche zerstören und ihr die Erfüllung der ihr von Gott gegebenen Aufgabe unmöglich machen, so kann sie dieselben nicht anerkennen, wenn sie sich selbst nicht aufgeben will. Das folgt unmittelbar aus ihrem Glauben. Eine Kirche, welche an die göttliche Offenbarung ihrer Lehre und die göttliche Stiftung ihrer Verfassung glaubt, kann sich keinem menschlichen Gesetze unterwerfen, das diese Verfassung zerstören oder die Verkündigung der Lehre verhindern will. Das ist evident. Es ist daher nicht der Wahrheit entsprechend, wenn die Motive angeben, daß es sich um „Beschränkung der Freiheit der katholischen Kirche im Interesse der Gesammtheit" handle, sondern es handelt sich vielmehr in Fällen, wo wir den Staatsgesetzen nicht gehorchen können, um eine solche Beschränkung der Freiheit der katholischen Kirche, welche zu ihrer Vernichtung und Auflösung führen müßte.

Uebrigens liegt diesem Verfahren, die Nothwendigkeit neuer Gesetze nicht aus vorliegenden Thatsachen zu begründen, sondern aus angeblichen gefährlichen Grundsätzen, deren Verwirklichung man vorbeugen will, doch ein sehr eigenthümlicher Gedankengang zu Grunde. Er läßt sich etwa so formuliren: Wir können zwar nicht bestreiten, daß die Katholiken im Großherzogthum Hessen sich den bestehenden Gesetzen des Staates willig unterwerfen. Sie wagen aber zu behaupten, daß Gesetze denkbar sind, denen sie nicht Gehorsam leisten könnten, und deßhalb müssen wir eben diese Gesetze erlassen, um diese staatsgefährliche Gesinnung im Keime

zu ersticken. Ganz mit demselben Rechte könnte man sagen: Es gibt Menschen, die behaupten, daß der Staat nicht das Recht hat, durch Gesetze ihnen ihr Eigenthum zu nehmen, ihnen ihre persönliche Freiheit willkürlich zu entziehen. Solche Gesinnung ist aber eine Auflehnung gegen die Würde des Staates und darum gerade müssen solche Gesetze gegeben werden. In solcher Weise motivirt man das Einbringen dieser Gesetze. Nicht um Gesetzübertretungen zurückzuweisen, sondern um einer Gesinnung entgegenzutreten, die man uns ohne Grund unterstellt, beantragt man neue Gesetze.

Aehnlich steht es mit den ferneren Motiven. Sie sind wieder nicht aus Thatsachen abgeleitet, sondern aus Anschauungen, von denen man glaubt, daß sie staatsgefährlich werden könnten, und diese Anschauungen sind wieder nicht dem entnommen, was wir Katholiken glauben und denken, sondern dem unbegründeten Anklagen, welche erklärte Gegner gegen uns erheben, die eben erst ihrer unkatholischen Grundsätze wegen aus der katholischen Kirche ausgeschieden sind. Diese behaupten, daß durch die Entscheidungen des letzten vaticanischen Concils der Papst eine absolute, unbeschränkte Macht habe, daß dagegen die Bischöfe ihre bisherige Selbstständigkeit verloren hätten und daß der Staat durch diese neuen Lehren bedroht sei. Obwohl nun die ganze katholische Kirche innerhalb und außerhalb Deutschlands diese Behauptung für unwahr erklärt, so nimmt das Großherzogliche Ministerium sie dennoch als wahr an und begründet darauf die Nothwendigkeit neuer Gesetze. Seit drei Jahren protestiren gegen diese Behauptung alle katholischen Bischöfe Deutschlands in den feierlichsten amtlichen Kundgebungen; mit ihnen protestiren dagegen die Vertrauensmänner des katholischen Volkes im Reichstage und in den Kammern; mit ihnen protestirt das ganze katholische Volk in der Presse und auf zahllosen katholischen Versammlungen. Das alles wird überhört, als ob es gar nicht gesprochen wäre. Was dagegen einige abgefallene Katholiken, die großentheils niemals unsere Ueberzeugung getheilt haben, und was einige moderne protestantische Schriftsteller uns nachsagen, das allein gilt als Wahrheit. Nicht wie wir unsern Glauben erklären, sondern wie unsere Gegner ihn unwahr deuten, das gilt als ausreichendes Motiv zu Gleichen gegen uns und unsere Freiheit.

Wenn aber die Motive endlich sagen: „dem gegenüber," d. h. diesen leeren Schreckbildern gegenüber, „darf der Staat nicht wehrlos bleiben," so weiß man in der That nicht mehr, was man dazu sagen soll. Nie haben Staaten auch nur annähernd über solche Machtmittel geboten, wie das deutsche Reich und die ihm angehörigen Staaten; nie ist die christliche Kirche so aller Macht beraubt gewesen, wie sie es jetzt in demselben Deutschland ist. Welchen Sinn hat es da noch, neue Gesetze durch die Wehrlosigkeit des Staates zu begründen?

II. Die wahren Motive dieser Gesetzvorlagen.

Diese amtlichen Motive vermögen daher gewiß nicht die Nothwendigkeit dieser Gesetze zu begründen — die Nothwendigkeit, auch unser friedliches Land in diesen unseligen Kampf zu stürzen. So oft ich in den fünf und zwanzig Jahren meiner bischöflichen Verwaltung die Ehre hatte, Se. Königliche Hoheit, unsern Allergnädigsten Landesherrn, zu sprechen, hat er mit seine volle Zufriedenheit mit der Haltung des katholischen Klerus, sein volles Vertrauen zu der Treue des katholischen Volkes ausgesprochen. Nichts ist seitdem geschehen, was die katholische Kirche im Großherzogthum staatsgefährlich gemacht hätte. Was hat denn aber das Großherzogliche Ministerium veranlaßt, die Kirchengesetze den Kammern vorzulegen?

Ohne Zweifel hat der Vorgang der Preußischen Regierung und der Einfluß, welcher dadurch auf unsere Regierung geübt worden ist, wesentlich dazu mitgewirkt.

Aber auch dieser Grund für die Gesetze ist noch nicht der Haupt- und eigentliche Grund. Das Großherzogliche Ministerium folgt vielmehr durch diese Vorlage einer mächtigen Zeitrichtung,

welche man die moderne Cultur zu nennen beliebt. Wie haben jetzt auch unsere neue Aera und mit ihr stehen wir mitten im Culturkampf, mit allen seinen Consequenzen. Jede Regierung, welche sich ihm hingibt, ist von da an mehr oder weniger ein Werkzeug dieser Cultur, und muß daher deren Programm bis zum letzten Punkte ausführen, ob ein Land dabei seinen Frieden einbüßt oder nicht. Nicht auf das Wohl des Volkes kommt es dabei an, sondern auf die Forderungen dieser modernen Cultur.

Nicht die Motive, welche die Gesetzvorlage begleiten, haben sie daher in Wirklichkeit veranlaßt, sondern die dominirende Zeitrichtung. Sie allein hätte als Motiv angeführt werden dürfen, und dann wäre der wirkliche Grund offenbart worden. An wirkliche Gefahren, welche dem Staate im Großherzogthum Hessen von Seite der katholischen Kirche drohen, denkt wohl im ganzen Lande kein einsichtiger Mensch. Es handelt sich vielmehr einzig und allein um den Culturkampf, bei dem das Großherzogthum Hessen nicht mehr zurückbleiben soll. Sobald wir nur diesen haben, dann sind wir dadurch an sich glückselig, mag auch der innere Kampf das ganze Volk zerfleischen. Zu dieser modernen Cultur-Wohlfahrt sollen uns die neuen Gesetze verhelfen: der bisherige Frieden ist culturwidrig.

III. Worin besteht das Wesen der modernen Cultur?

Darum ist es aber auch so nothwendig, daß alle Katholiken mit voller Klarheit erkennen, was diese moderne Cultur und ihr Sohn, der moderne Staat, eigentlich ist.

So lange wir über diese Begriffe nicht vollkommene Klarheit haben, können wir die Bedeutung der Kirchengesetze, das wahre Motiv, in Gegensatz zu den angegebenen Motiven, nie gründlich erkennen und eben so wenig das Verhalten der Bischöfe ihnen gegenüber.

Da mir nun Alles daran liegt, daß alle Katholiken der Diöcese Mainz, bei den uns bevorstehenden Ereignissen, wenn die Vorlagen Gesetzeskraft erlangen sollten, deutlich und klar einsehen, aus welchen Gründen ich so handele, wie ich handeln werde, daß ich nicht anders handeln kann, wenn ich nicht ein treuloser Hirt der mir von Gott anvertrauten Diöcese des hl. Bonifacius, wenn ich nicht an Euch, Euren Kindern und Nachkommen zum Verräther werden will, so kann ich nicht umhin, auf diesen Begriff der **modernen Cultur** und seines Kindes, des **modernen Staates**, den man über die Sterne erheben und an Stelle des wahren Gottes setzen will, in dessen Namen man sich über die Geschichte, über das Recht, ja über das Christenthum hinwegsetzt, näher einzugehen.

Kein Wort wird öfter gebraucht in unserer Zeit, kein Wort nimmt für sich eine größere Autorität in Anspruch, aber auch kein Wort wird mehr mißverstanden. Für gar Viele ist es nur ein leeres Schlagwort, das sie selbst nicht verstehen, von dem sie aber meinen, daß es zu jedem Angriffe gegen die katholische Kirche die Berechtigung gebe. Aber dennoch hat dieses Wort seine ganz bestimmte Bedeutung und einen sehr wirklichen Inhalt, den Ihr kennen müßt, um die Zeit überhaupt und den Kampf gegen die katholische Kirche insbesondere, wie auch mein Verhalten in demselben, richtig zu würdigen. Mir wird vielleicht in Zukunft der Mund geschlossen, daß ich nicht mehr zu Euch reden kann. Wenn Ihr aber das, was ich Euch über das Wesen dieses angeblichen Culturkampfes sagen werde, vor Augen behaltet, werdet Ihr die Gründe, ja die Nothwendigkeit meines Verhaltens? Euch stets vergegenwärtigen können.

Damit ich aber nicht Gefahr laufe, mir bei Beantwortung dieser Frage den Vorwurf der Einseitigkeit oder ultramontaner Uebertreibung zuzuziehen, will ich über das Wesen der modernen Cultur einen Mann reden lassen, der nicht, wie ich, ihr gegenüber, sondern mitten in ihr steht und zu den namhaftesten Repräsentanten dieser Richtung und zu den einflußreichsten philosophischen Schriftstellern der Gegenwart gehört, nämlich Eduard

von Hartmann, den Verfasser der „Philosophie des Unbewußten." In seiner neuesten Schrift: „Die Selbstzersetzung des Christenthums[1]" finden wir zwei Gedanken entwickelt, welche diese Frage mit möglichster Offenheit beantworten. Er führt nämlich erstens aus, daß die „moderne Cultur" eine nothwendige Consequenz des in der Reformation zum Durchbruch gekommenen reformatorischen Princips sei, und zweitens, daß das Wesen derselben mit logischer Nothwendigkeit zur völligen Zerstörung des Christenthums und endlich zur Läugnung des persönlichen Gottes führe.

Zur Begründung des ersten Satzes führt er den Gedanken aus, daß, es inconsequent sei, eine Inspiration für die heilige Schrift anzunehmen und dagegen eine Einwirkung des heiligen Geistes in der späteren Zeit der Kirche als unmöglich zu verwerfen. „Wer die Unfehlbarkeit der Kirche und die Möglichkeit unfehlbarer Inspiration in der Gegenwart läugnet, wer sich weigert das Opfer des Intellects zu bringen, das heißt seine reiflich erwogene zweifellose persönliche Ueberzeugung den Lehrentscheidungen der Kirche unterzuordnen[2], wer, mit einem Worte, gegen die absolute dogmatische Autorität der Kirche[3] protestirt und sich das Recht der freien Forschung und der

---

1) Berlin 1874, Carl Dunder's Verlag.

2) Der Verfasser hat offenbar von dem Wesen des Glaubens des Christen, von dem „vernünftigen Gehorsam" (rationabile obsequium) des hl. Apostels Paulus, d. h. von der auf den triftigsten Vernunftgründen beruhenden Unterwerfung des menschlichen Geistes unter die göttliche Offenbarung keinen Begriff und denkt sich hier einen Gegensatz zwischen dem vernünftigen Denken und den Wahrheiten des Glaubens, wie er sich später auf dem Gebiete der Moral einen Gegensatz zwischen den Geboten Gottes und dem inneren sittlichen Princip des menschlichen Geistes denkt. Beides ist selbstverständlich vollkommen unrichtig. Sowohl die Wahrheiten des Glaubens wie das göttliche Sittengesetz finden in unserer vernünftigen Natur die tiefste und innerste Zustimmung, und nur deshalb glauben wir jene und unterwerfen uns diesen, weil wir sie zugleich nach dem Zeugniß unserer Vernunft und unseres Gewissens für wahr und gut halten.

3) Nach der Lehre der katholischen Kirche ist sie nicht absolut. Nur in Gott gibt es eine absolute Autorität und jede von Gott auf Menschen übertragene Autorität ist wesentlich eine beschränkte.

religiöse Gewissensfreiheit wahrt, der wird kaum umhin können, auch den Glauben an die unfehlbare Inspiration der Verfasser \der kanonischen Schriften fallen zu lassen. Wer von der Un- \möglichkeit des Wunders für die Gegenwart überzeugt ist, spielt jedenfalls eine wunderliche Rolle, wenn er dessen Möglichkeit für die Zeit vor achtzehnhundert Jahren aufrecht hält. Die Reformatoren merkten es gar nicht, daß ihr Glaube an die Unfehlbarkeit der kanonischen Schriften, den sie mit der Muttermilch eingesogen hatten, ganz ausschließlich auf dem Glauben an die ihn bezeugende Unfehlbarkeit der Kirche und der kirchlichen Tradition beruhte[1]. Weil der Glaube an die Unfehlbarkeit der Schrift ihnen persönlich in Fleisch und Blut übergegangen war, darum ahnten sie gar nicht, daß sie mit dem Protest gegen die Unsichtbarkeit der Kirche und Tradition den Boden des erlesen unterhöhlten, daß sie mit ihm den ersten Stein aus dem festgefügten Gebäude der Hierarchie herausrissen, dem nothwendig unter dem Einfluß der Zeit Stein vor Stein abbröckelnd nachstürzen mußte. Sie erhoben auf der einen Seite das protestantische Princip der freien Forschung und Gewissensfreiheit auf ihren Schild und glaubten auf der anderen Seite den Fluß, der so eingeleiteten Desorganisation des Dogmas durch willkürlich gezogene Schranken, durch Menschensatzungen ihres Gutdünkens und Pochen auf ihren dogmatischen Rest eindämmen zu können, wähnend, daß die Menschen sich solchen Willkürsatzungen als unübersteigbaren Schranken fügen würden, nachdem einmal die unfehlbare auf gegenwärtiger Inspiration[2] der Kirche beruhende Autorität der Kirche zerstört war." Das Wiedererwachen des antiken Heidenthums mit der

___

[1] Man sehe hierüber Möhler's Symbolik S. 344 ff. Aufl. 7 bei Kupferberg in Mainz, wo der Gedanke wahr und ziel entwickelt wird, daß, wie die Göttlichkeit der Kirche die Göttlichkeit der heiligen Schrift bezeugen kann, und daß die Verwerfung jener nothwendig zur Verwerfung der Werthschätzung der heiligen Schrift und endlich zur Verwerfung der Göttlichkeit des Christenthums führen muß. Seine Ansicht findet in dem Obigen und im Verlaufe aller Ereignisse der Gegenwart volle Bestätigung.

[2] Sollte eigentlich Leitung und Beistand Gottes heißen.

Renaissance sei eigentlich der Todesstoß für das Christenthum gewesen, dem Protestantismus sei aber vermöge seines Princips die geschichtliche Aufgabe zu Theil geworden, „die Leiche Glied für Glied zu seciren, öffentlich zu constatiren, daß sie wirklich todt sei, und sie dann feierlich zu bestatten, um so den Entwickelungsschluß der christlichen Idee zu seinem endgültigen Abschluß zu bringen[1]. Seine Aufgabe der Dogmatik des Christenthums gegenüber ist eine durchaus negative, zerstörende, niederreißende."

Diese hier geschilderte historische Aufgabe der Zerstörung des Christenthums habe aber, fährt der Verfasser fort, der Protestantismus „völlig unbewußt vollzogen" und „auf allen Phasen seines Verlaufes" sich eingebildet, „an dem noch nicht zerstörten positiven Rest das eigentliche, wahre geläuterte Christenthum zu besitzen." Er kommt dann zu dem Resultate: „Der Protestantismus ist nichts als das Uebergangsstadium vom abgestorbenen echten Christenthum zu den modernen Culturideen, die den christlichen in den wichtigsten Punkten diametral entgegengesetzt sind und deshalb ist er durch und durch widerspruchsvoll von seiner Geburt bis zu seinem Tode, weil er sich auf allen Stufen seines Lebens mit der Vereinigung von Gegensätzen abquält, die ihrer Natur nach unvereinbar sind."

Diesen Gedanken, daß nämlich das protestantische Princip vermöge seiner Consequenz nothwendig zur „Entchristlichung" und zur „Ausleerung" des Christenthums führe, daß aber der Protestantismus auf allen Stufen der Entwickelung dieses Grundprincips Halt machen will, dann aber durch seine innere Consequenz immer wieder auf diesem Wege der Ausleerung weiter getrieben wird, verfolgt nun der Verfasser durch die verschie-

___

[1] Der Verfasser übersieht hier, daß diese anatomische Aufgabe des Secirens der einzelnen Glieder hauptsächlich nur an dem Buchstaben der heiligen Schrift von den Protestanten selbst vollzogen wurde und nicht eigentlich an dem „Inhalt der christlichen Idee", wie mir sie in der katholischen Kirche wirklich ist, daß sich der Protestantismus überhaupt wenig bekümmert, höchstens insoweit sie in der protestantischen Dogmatik mehr und weniger enthält behandelt wurde.

denen Stufen des Protestantismus bis in die Gegenwart, wo der liberale Protestantismus unserer Tage, nachdem er die Autorität der symbolischen Bücher, die Autorität dessen, was er das Paulinische und Johanneische Christenthum genannt hat, die Autorität der heiligen Schrift in ihrem Zusammenhange aufgegeben hat, endlich die „echten und wahren Christen" in dem „Christenthum Christi" um sich sammeln will und damit endlich einen festen Boden zu besitzen wähnt. Diesen liberalen Protestanten zeigt er dann aber, daß ihr Standpunkt dem protestantischen Princip gegenüber der unhaltbarste von allen ist und ruft ihnen zu: „So verflüchtigt sich der ganze gewählte Standpunkt in blauen Dunst, in ein reines Nichts. Es bleibt unter der Ueberschrift „das Christenthum Christi" nichts als ein weißes Blatt übrig, auf welchem Alles ausgelöscht, was geschichtlich beglaubigt auf demselben gestanden. Das ist freilich, was die Herren sich wünschen: der unbehinderte Raum, um ihre eigenen Ideen in die Welt zu schicken, ohne doch den Namen des Christenthums fahren zu lassen, d. h. moderne Culturideen unter christlicher Flagge segelnd." Diese scharfe Bemerkung verdient der liberale Protestantismus gewiß in vollem Maße, ebenso wie die folgende: „Nachdem die Herren mit allen inhaltlichen Dogmen des Christenthums redlich Kehraus gemacht haben, machen sie, um wenigstens einen letzten dürftigen Rest, den Namen des Christenthums zu retten, vor dem nicht minder verstandeswidrigen Dogma Halt, daß die von ihnen zusammengeleimten Fetzen mißdeuteter biblischer Aussprüche und moderner Culturideen das ursprüngliche und echte Christenthum Christi seien." Er macht dann denselben liberalen Protestanten den schweren Vorwurf, daß sie hauptsächlich nur deßhalb noch als wahre Christen gelten wollen, obwohl sie den ganzen Inhalt des Christenthums aufgegeben haben, um den im Volke wurzelnden Respect vor der Autorität Christi, welcher auf dem Glauben an die Göttlichkeit seiner Person beruhe, für die eigenen Lehrmeinungen auszubeuten. Deßhalb unterhalte man gegen die zum Menschen gleich uns applanirte Gestalt Jesu eine dem früheren Gottmenschen

entlehnte Veneration. Das sei aber ein entwürdigender Byzantinismus, welcher die tiefste sittliche Entrüstung herausfordere. „Wenn Strauß, fährt er fort, für sein materialistisches Universum Verehrung verlangt, so ist das einfach absurd; wenn aber der liberale Protestantismus für den Menschen Jesus solche fordert, so ist das widerlich und empörend." Man sieht die Protestantenvereinler mit ihrem „Christenthum Christi" kommen noch schlechter weg als die gläubigen Protestanten und wir glauben mit vollem Rechte. Und doch ist dieser Standpunkt des liberalen Protestantismus durch sein eigenes Princip hingedrängt ist, bis er der Läugnung jeder Offenbarung anheimfällt.

Diese Ausführungen Hartmann's haben eine furchtbare Folgerichtigkeit. Wer die Unmöglichkeit des Wunders für die Gegenwart behauptet, kann die Möglichkeit desselben für einen früheren Zeitraum nicht festhalten. Niemand vermag die Wahrheit dieses Gedankens des Verfassers zu bestreiten. Wer daher die Möglichkeit einer übernatürlichen und wunderbaren Einwirkung Gottes zum Schutze einer geoffenbarten Wahrheit für unsere Zeit verspottet, kann diese Einwirkung Gottes auf die Entstehung eines in früherer Zeit geschriebenen Buches nicht festhalten. So führt das ursprüngliche protestantische Princip in seiner endlichen Ausgestaltung schließlich zur Verwerfung der göttlichen Autorität der heiligen Schrift. Die ganze Entwickelung des Protestantismus ist die letzte leider die Richtigkeit dieser Schlußfolgerung des Philosophen des Unbewußten.

Ich weiß wohl, wie schmerzlich ein gläubiger Protestant von dieser Darstellung berührt werden muß. Ich selbst bin tief davon durchdrungen, daß viele gläubige Protestanten in gutem Glauben die Grundwahrheiten des Christenthums, die sie mit uns gemein haben, festhalten und sich nicht zu jenen Consequenzen hinreißen lassen. Allein eben so ist es Thatsache, daß die „moderne Cultur" diese Consequenzen unerbittlich zieht, mag sie dieselben zur Zeit noch theilweise verhüllen, oder wie diese „moderne Philosophie," sie offen an's Licht stellen.

Aber auch bei dieser gänzlichen „Ausleerung des Christenthums" bleibt die „moderne Cultur" und das in ihr wirkende
protestantische Princip noch nicht stehen. Sie duldet, wie uns
derselbe Verfasser versichert, der aus dem innersten Bewußtsein
derselben von ihr Zeugniß gibt, auch nicht mehr den Glauben
an einen persönlichen Gott, der die Welt erschaffen hat und regiert.
„In die gesammte transcendente Weltanschauung des Christenthums,
so versichert er, paßt nun freilich nur ein transcendenter durch
Wunder die Welt leitender Gott, ebenso wie in die wissenschaftliche
Weltanschauung des modernen Bewußtseins nur ein immanenter die
Welt durch unwandelbare Gesetze regierender Gott paßt." Da
haben wir das tiefste Wesen der modernen Cultur. Derselbe
Geist, der sich über die Lehrautorität der Kirche erhoben hat,
erhebt sich auch endlich über die Autorität der heiligen Schrift
und der Person Christi und so fortschreitend über die Autorität
Gottes selbst und setzt sich selbst auf dessen Thron.

Von diesem Resultate aus betrachtet der Philosoph des Unbewußten dann unmittelbar die wahre Bedeutung des Culturkampfes der Gegenwart gegen die katholische Kirche und sagt
darüber: „Nur ein hoher Glaube an die logische Consequenz
der Entwicklung der Ideen in der Geschichte konnte vor den
Tagen von Königgrätz und Sedan die Zuversicht auf den
Sieg der modernen Cultur festhalten. Erst nachdem
Preußen das deutsche Reich gegründet, mit dem Kryptoka-
tholicismus Friedrich Wilhelm IV. und des in seine Fußstapfen
tretenden Ministers Mühler gebrochen und eine größte geschichtliche Aufgabe in der Wiederaufnahme des tausendjährigen Kampfes gegen Rom erkannt hat, erst jetzt ist ein fester Punkt gegeben, der das Krystallisationscentrum für alle modernen Cultur-
bestrebungen im Kampfe um ihre vom Christenthum bedrohte
Existenz werden kann. Daß das gegenwärtige Kampf zwischen
Staat und Kirche von beiden Seiten wirklich den Charakter
eines Vernichtungskampfes trägt, darüber kann sich wohl kein
Einsichtiger täuschen, der die unbewußten Ziele der Geschichte
von den augenblicklich mit Bewußtsein ins Auge gefaßten Zwecken

zu unterscheiden weiß. Die Kirche will den Staat zu ihrem
Gensdarm[1]), der Staat die Kirche zu einem staatlich bevormun-
deten Verein herabdrücken; der letzte und tiefste Sinn dieses
Kampfes aber ist die Entscheidung der Frage, ob für das Bewußtsein der heutigen Menschheit das Jenseitige oder das Dies-
seitige, das Himmlische oder das Weltliche, das Ewige oder das
Irdische den Vorrang hat, ob das religiöse oder das weltliche,
das christliche oder das Cultur-Interesse überwiegt....... Es
schreiben und sprechen Viele von dem gegenwärtigen „Culturkampf;" aber wohl nur Wenige von diesen haben sich klar gemacht, daß es der letzte Verzweiflungskampf der christlichen Idee
vor ihrem Abdeben von der Bühne der Geschichte ist[2]), gegen
welchen die moderne Cultur ihre große Errungenschaften mit
Aufbietung der äußersten Kräfte auf Tod und Leben zu ver-
theidigen hat."

So schildern uns offene Gegner das Wesen der
modernen Cultur und die Bedeutung des sogenannten
Culturkampfes. Wie nimmt sich dieses Geständniß anders
aus, als die Versicherungen einer Presse, welche uns täglich sagt,
die Behauptung der katholischen Bischöfe, daß es sich bei den
neuen Gesetzen um eine Zerstörung der Kirche handle, sei nichts
als jesuitischer und ultramontaner Betrug. Hier vernehmen wir
dagegen von competenter Seite, daß jenes Urtheil der Katholiken
nur zu wahr, daß der Culturkampf ein Kampf „auf Tod und
Leben", „ein Vernichtungskampf" gegen das ganze Christenthum
ist. Nachdem der Protestantismus durch das zersetzende negative
Princip von Stufe zu Stufe ausgeleert worden ist, soll dieser
Prozeß nun auch an der katholischen Kirche vollzogen und zu
diesem Zweck ihr dasselbe Princip eingepfropft werden, welches
am Protestantismus solche Erfolge gehabt hat. Das hätte nun

---

1) Zu ebenso unrichtig, wie das Folgende wahr ist.

2) Ein Vertreter der modernen Cultur muß natürlich an ihren Sieg
aber das Christenthum glauben und zwar um so zuversichtlicher, je weniger
er das wahre Christenthum in der katholischen Kirche kennt. Wir werden
aber in der folgenden Note sehen, wie die eigene Ansicht des Verfassers ihm
hinreichenden Grund bietet, seine Zuversicht auf diesen Sieg herabzustimmen.

gute Wege, wenn es sich bei diesem Culturkampf nur um geistige Mittel und Waffen handelte. Mit geistigen Waffen allein ist das Christenthum noch in keinem Lande der Welt unterdrückt worden, wo es einmal im Herzen des Volkes tiefere Wurzeln geschlagen, wo das Volk seine göttliche Kraft an sich selbst erfahren hatte. Das ist die unbestreitbarste Thatsache der Weltgeschichte. Selbst im Protestantismus hätte das negative destructive Princip desselben allein die volle Ausleerung des Christenthums nicht zu Stande gebracht; so fest wurzeln die erhabenen Wahrheiten desselben in der Tiefe des menschlichen Geistes, so sehr befriedigen sie die heiligsten Bedürfnisse der menschlichen Seele. Ein christliches Volk wird nur durch äußere Gewalt unchristlich. Wie daher der Protestantismus hauptsächlich durch den Einfluß der Staatsgewalt und des von ihr abhängigen Kirchenregiments zu immer weiterer Ausgestaltung seines negativen Princips fortgetrieben worden ist bis auf den heutigen Tag, wo dasselbe in allen maßgebenden Kreisen die Oberherrschaft besitzt, so soll die Einimpfung dieses protestantischen negativen Princips in den Körper der katholischen Kirche gleichfalls durch Staatsgewalt und Staatsgesetze, also durch äußeren Zwang erfolgen.

Das ist das Wesen und die Natur des Culturkampfes, darüber kann Niemand, der nicht ein Interesse hat, die Wahrheit zu verbergen, im Zweifel sein [1]).

1) Ich kann von unserem Verfasser nicht Abschied nehmen, ohne noch Einiges über den ferneren Inhalt seiner Schrift mitzutheilen. Wie Strauß hält er die protestantische Kritik der Bibel für wahr und deßhalb, weil die Bibel wahrhaft zerfetzt ist, das Christenthum für todt. So glauben auch Katholiken das erkennen, die wir mitten im lebendigen Christenthum leben und überall seine göttliche Kraft in uns, in der Kirche und in dem Leben des katholischen Volkes erfahren, so erklärlich ist dieser Irrthum. Er ist auch eine Consequenz des Protestantismus. Mag der heilige Schrift noch so heilig sein, wer sie es ja auch in der That ist, so ist er doch zunächst nur ein Buch von Papier mit todten Schriftzügen, welches mehreres allen Experimenten der negativen Kritik ausgesetzt ist. Wer daher glaubt, daß Christus hauptsächlich auf dieses todte Buch das Christenthum gegründet habe, dagegen

(er hat sich ja lange vor den Ereignissen der letzten Jahre so der Welt angekündigt und ist sofort in seinem antichristlichen Wesen von ...

von dem lebendigen Christus, der in dem allerheiligsten Sacramente in der Kirche mit der Fülle seiner Gottheit gegenwärtig ist, gar keine Ahnung hat, der kennt überhaupt nicht die Quelle der Unüberwindlichkeit der Kirche und kann sie leicht für todt halten, wenn einige Erzeiten, die geistig selbst todt sind, den todten Buchstaben der heiligen Schrift für todt erklären.

Im Uebrigen steht aber der Philosoph des Unbewußten in einer Beziehung über David Friedrich Strauß und allen Materialisten ... über ihre „Weltbeglückung" und sagt: „Es ist eine nicht bloß starke, sondern geradezu naive Zumuthung von Strauß, daß wir für ein Universum, welches mit das Aggregat aller materiellen Einzelwallungen ist und uns in jedem Augenblick zwischen den Rädern und Zähnen seines erbarmungslosen Mechanismus uns nichts und wieder nichts zu zermalmen droht, eine religiöse Pietät und Anhänglichkeit empfinden sollen." Um seinen Standpunkt zu bezeichnen, mögen einige Stellen seiner Schrift hier einen Platz finden: „Alles des materialistischen Ideals eines socialdemokratischen Schlaraffenlebens) und alle Genüsse des Gemüthes an das Ideal verkörpert sich dem Volke in der Religion, sie allein ist es, die ihm die beständige Mahnung vor Augen hält, daß es etwas Höheres gebe als Sinnengenuß"). „daß diese zeitliche Zinnenwelt nicht ein Letztes sei, sondern daß sie nur die Verkörperung eines Ewigen, Ueberzeitlichen, Idealen sei, dessen Schatten im Nebel mit hier nur schauern" ... „Das ist ganz schön und wahr; das ist aber nur im Christenthum, nur im wahren Christenthum möglich und nicht nur möglich, sondern in ihm vollständig verwirklicht. Alle wahren Christen durch alle Jahrhunderte bekennen, daß sie im Christenthum diese „Eine ewige Wahrheit" gefunden haben, welche ihr Seelenbedürfniß vollkommen befriedigt. Der Philosoph des Unbewußten täuscht sich daher, wenn er glaubt, diese „Eine, ewige Wahrheit" auf einem andern Wege und zwar durch die Dialektik der Willenskraft als neue alleinige „Grundlage" finden zu können. Das hat ja die Heidenwelt auch versucht, oder vergebens; wie sollte es ihm gelingen!

*) Hier höre ich die Worte des Verfassers um meiner Leser willen etwas abgekürzt.

Katholiken wie von gläubigen Protestanten erkannt und in Schriften und in Tagesblättern Jahre lang eingehend geschildert wor-

Hören wir noch andere Stellen. Dem liberalen Protestantismus sagt er: „In die imposante Gothik der mittelalterlichen Theologie nicht mehr nach unserm Geschmack, so hindert uns Niemand anders zu bauen, aber man soll uns nicht einreden wollen, der wahre, jetzt erst entdeckte Sinn der alten Dome sei eigentlich der, Ruinenhaufen zu sein." An einer andern Stelle: „Die Religion entspringt überall aus dem Zwiespalt des Menschengeistes über das Uebel und die Sünde und aus dem Verlangen, die Existenz dieser beiden zu erklären und, wo möglich, zu überwinden. Aber sich von keinem Uebel bedrückt, von keiner Schuld belastet fühlt, der wird sein Veranlassung haben, aber die weltlichen Interessen mit keinen Gedanken hinauszusuchen. Aber wer fragt: Wie komme ich denn dazu, diese Uebel zu ertragen zu müssen? und, wie komme ich zur Versöhnung meines schuldbegnadeten Gewissens mit sich selbst? der ist auf dem Wege zur Religion, d. h. zur Verspältigung mit Fragen und Interessen, die über die weltlichen Interessen hinausliegen." Und an einer andern Stelle: „Dagegen wird der Mutterboden des religiösen Bedürfnisses, die pessimistische Weltansicht", beständig wachsen, da die Menschheit in je höherem Grade sie die irdische Mittel sich dienstbar macht, desto mehr einsehen muß, wie unmöglich es ist, auf diese Weise die Qual des Lebens zu überwinden und zur Glückseligkeit oder auch nur zur Zufriedenheit zu gelangen. Eine Periode des Aufschwungs der weltlichen Dinge kann so lange optimistisch sein, als die Hoffnung am Ziele das erreichte Glück zu genießen, vorhält. So wie aber solches Ziel erreicht ist, merkt das betreffende Volk, daß es nicht glücklicher ist als zuvor und daß nur keine nagenden und quälenden Bedürfnisse geblieben sind. Deshalb ist der Optimismus immer nur Intermezzo bei den gerade im weltlichen Aufschwung befindlichen Nationen, aber der Pessimismus ist die dauernde Grundstimmung der zur Selbstbesinnung gekommenen Menschheit und bricht nach jeder zurückgelegten Epoche weltlichen Aufschwungs mit gesteigerter Gewalt hervor. Darum aber wird auch der Drang dieses Weltelends, wenn auch nur ideell mit dem Bewußtsein zu übermahnen, in immer gesteigerter Intensität sich nach Ablauf der Periode der Verweltlichung und Absorption in weltlichen Interessen geltend machen und darum wird die religiöse Frage erst dann zur allerbrennendsten werden, wenn die Menschheit alles

*) Die pessimistische Weltansicht ist die des Verfassers. Er vertheilt darunter die Ueberzeugung, daß alles Irdische dem Menschen nicht wahrhaft befriedigen kann, eine Ansicht, die mit der christlichen, wenn auch aus ganz andern Gründen, übereinkommt. Ihr gegenüber steht die „Weltbehaglichkeit" des Materialismus.

den [1]). Vor diesem unseligen Kampf, welcher schon einige deutsche Länder seit Jahren zerrissen hatte, wollten jene Katholiken, welche sich gegen Ende des französischen Krieges im Hinblick auf den bevorstehenden Reichstag enger zusammenschlossen, das neue deutsche Reich und ihre preußische Heimath bewahren. Das war auch ein Hauptgrund, welcher das katholische Volk bewog, die Männer des Centrums zu wählen. Das Alles liegt tageshell aus der jüngsten Vergangenheit vor unsern Augen.

Allein alle diese Thatsachen werden ignorirt oder gar geerreicht hat, was sie auf Kultur auf Erden überhaupt erreichen kann und die ganze jammervolle Armseligkeit dieser höchst erreichbaren weltlichen Situation überschaut."

Bei solchen Geständnissen, die wir als vollkommen richtig anerkennen, brauchen wir uns vor der Zerstörung des wahren Christenthums nicht zu fürchten. „Die ganze jammerliche Armseligkeit," welche das alte Heidenthum in immer wachsender Progression zu Tage förderte, hat die Welt schon einmal zu Christus hingetrieben. So wird auch „die ganze jammerliche Armseligkeit" der modernen Cultur die Völker endlich nicht dem Erlösungsverlangen des Philosophen des Unbewußten, sondern dem einzigen und wahren Erlöser Jesus Christus wieder zuführen. Der Irlog, welchen dieser Philosoph der Menschheit für die Zerstörung der christlichen Wahrheit in seiner „Wahrheit der Wissenschaft" als neue alleinige Grundlage bietet, ist schwärmer oder oder als bisher als die sinnlich materialistische Weltbehaglichkeit von Strauß, im Grunde aber ist er eben so nichtig, unwahr und trostlos. Es ist nämlich der für jeden gesunden Geist unerträgliche Wahn, daß die ganze wirkliche Welt, daß überhaupt alles Seiende nur einer Verirrung des unbewußten und in sich selbst nichtigen ewigen Urwesens seine Entstehung verdanke, deshalb durch und durch wesentlich schlecht und unglücklich sei, und daß daher das Ziel aller Dinge und die ewige Erlösung in der Rückkehr in das Nichtsein bestehe — ein aller Wahn, der bekanntlich dem indischen Buddhismus zu Grunde liegt. Daher werden auch die Menschen am Ende ihrer Verirrung nicht nach dieser „Wissenschaft", sondern nach dem nahen Erlöser ihre Arme ausstrecken, der allein sie ewig und auch zeitlich glücklich machen kann.

[1]) Unter diesen Andern und Bessern gehören ich z. B. auf meine Schriften: „Freiheit, Autorität und Kirche", 1862; „Ist das Gesetz des öffentliche Gewissen"? 1886; „Die wahren Grundlagen des religiösen Friedens", 1868; „Stellung und Pflichten der Katholiken im Kampfe der Gegenwart", 1865.

2*

läugnet, um dieser katholischen Bewegung das Brandmal der Reichsfeindlichkeit aufzudrücken. Wenn man offen anerkennen würde, daß wir in diesem Kampfe als Christen für das Christenthum streiten, dann wäre freilich der Kampf gegen uns bei der Gesinnung des deutschen Volkes viel schwieriger. Darum giebt man unserem Widerstande gegen die uns angesonnene Selbstvernichtung den Schein der Reichsfeindlichkeit, um so unter dem Scheine des Patriotismus gegen uns zu kämpfen, weil man mit offenem Visir, mit dem Eingeständniß, daß man das Christenthum vernichten will, nicht kämpfen kann.

Wenn ich nun dazu übergehe, diesen Charakter des Culturkampfes auch an den neuen Gesetzvorlagen nachzuweisen und zu zeigen, daß sie eine durch Staatsgewalt bewirkte Protestantisirung der katholischen Kirche, eine gewaltsame Aufnöthigung des negativen protestantischen Princips, welches zur Zerstörung des Christenthums selbst führt, in sich schließen und zur Folge haben, so schicke ich die Bemerkung voraus, daß ich damit nicht behaupte, daß diese nothwendige Consequenz der Gesetze in der Absicht des Großherzoglichen Ministeriums liege. Deren Absichten können ja immerhin wohlwollende sein, wenn ich auch in diesem Falle die richtige Einsicht absprechen muß. Es ist möglich, daß die Großherzoglichen Minister die letzte Consequenz des Culturkampfes nicht kennen und zu ihnen gehören, von denen der Philosoph Hartmann, wie wir vorher vernommen, sagt, daß sie die destructive Aufgabe des Protestantismus „völlig unbewußt" vollziehen, und auf der Phase des Verlaufes dieses Prozesses, auf dem sie eben selbst angekommen sind, „das eigentliche, wahre und geläuterte Christenthum zu besitzen glauben." In diesem Falle ist es sogar möglich, daß sie ein gutes Werk zu vollbringen glauben, wenn sie sich durch Gesetzvorlagen bemühen, den in ihren Augen gewiß viel niedrigern Standpunkt der Katholiken ihrem „wahren, reinen und geläuterten Christenthum" mehr und mehr zu assimiliren. In einem ähnlichen Irrthum bezüglich der Gesetzvorlagen scheint sich ja auch der Cultusminister in Preußen, Dr. Falk, befunden zu

haben, wenn wir seinen Worten Glauben schenken dürfen. Während einer der intellectuellen Urheber der preußischen Gesetze und Rathgeber des Herrn Ministers Dr. Falk in seinen Schriften offen bekannte, daß solche Gesetze nothwendig seien, um die Kirche machtlos zu machen und ihr alles Leben zu entziehen, also mit andern Worten, um sie zu vernichten, hat ja der Herr Minister Dr. Falk unzählige Male versichert, daß solche Absichten ihm ganz ferne lagen, daß es eine Verläumdung sei, seinen Gesetzvorlagen so böse Dinge nachzusagen und was Herr Dr. Friedberg vorher von der Bedeutung dieser Gesetze selbst gesagt hat, darf jetzt kein Bischof und kein katholischer Redner von ihnen sagen, ohne von der gesammten officiösen und liberalen Presse als Verläumder bezeichnet und vielleicht gerichtlich bestraft zu werden. Ich habe es also nicht mit den Absichten des Großherzoglichen Ministeriums, sondern mit den offen daliegenden Zielen des Culturkampfes zu thun und mit der Bedeutung, welche in ihm diese Gesetzvorlagen haben.

IV. Die drei leitenden Grundsätze im Culturkampfe bei gesetzlicher Regelung kirchlicher Angelegenheiten.

Diesen, auf die völlige Zerstörung des Christenthums, ja selbst des Glaubens an einen persönlichen Gott hinzielenden Charakter des Culturkampfes erkennen wir schon aus den leitenden Grundsätzen, welche bei Behandlung kirchlicher Angelegenheiten nunmehr geltend gemacht werden. Nach Verwerfung der von Gott geoffenbarten Wahrheiten stellt man jene Grundsätze als eine Art Dogma des modernen Staates hin, das keines Beweises bedarf und keinen Widerspruch duldet, obwohl sie bis vor wenigen Jahren kein gläubiger Christ, ja kein rechtlich denkender Mann auszusprechen gewagt haben würde.

Dazu gehört erstens der Satz: daß kein Staatsangehöriger sich der Befolgung der Staatsgesetze durch Berufung auf die Lehre und Verfassung seiner Kirche, durch Berufung auf sein Gewissen mehr entziehen darf, daß folglich der Grundsatz des Evangeliums: Man müsse Gott mehr gehorchen, als den Menschen; man müsse Gott geben, was Gottes ist, und dem Kaiser, was des Kaisers ist, wenigstens dem Staate gegenüber keine practische Bedeutung mehr haben dürfe [1].

Man sucht zwar diesen Grundsatz damit zu rechtfertigen, daß ja sonst jedes geordnete Staatsleben unmöglich werde, und man sucht ferner den Schein zu verbreiten, als ob in der Anerkennung jener christlichen Grundsätze zugleich auch die weitere Anerkennung liege, daß die Kirche allein willkürlich über die Grenzen zwischen Kirche und Staat und über das Gebiet des Glaubens, in einer den Staat bindenden Weise, zu bestimmen habe. Daraus wird weiter gefolgert, daß dann nicht mehr der Staat die volle Souveranetät auch auf staatlichem Gebiete besitze, oder daß er wenigstens nicht mehr in Bestimmung der Grenzen beider Gebiete sein eigener Herr sei, und sich dieselben von der Kirche bestimmen lassen müsse.

Das Alles ist aber vollkommen unrichtig. Es ist ein großer Unterschied zwischen der christlichen Behauptung, daß der Christ und Katholik in die Lage kommen kann, auf Grund seines Gewissens und Glaubens dem Staatsgesetze den Gehorsam zu verweigern, und zwischen der andern Behauptung, daß über die Fälle, in welchen dieß mit Berechtigung geschehen kann, die Kirche allein zu entscheiden und der Mensch sich willenlos ihrer Entscheidung zu fügen habe. Es liegt vielmehr in jenem christlichen Grundsatze zunächst und unmittelbar nur die Pflicht für den Staat ausgesprochen, bei allen gesetzlichen Berathungen der Angelegenheiten der Religion es als eine heilige Pflicht anzusehen, auf den Glauben der zu Recht bestehenden christlichen Con-

1) Vor einigen Jahren sprach der Staatsminister Camez in Carlsruhe den heidnischen Grundsatz aus: das Staatsgesetz sei das öffentliche Gewissen, worin die Läugnung des persönlichen Gewissens eingeschlossen ist; ich schrieb dagegen die vorher citirte Broschüre. Aber hätte damals glauben können, daß dieser Grundsatz bald der herrschende im officiellen Deutschland werden würde?

fessionen die schonendste und zarteste Rücksicht zu nehmen; es liegt darin für den Staat die heilige Pflicht, in seiner Gesetzgebung Alles zu vermeiden, wodurch er das Gewissen seiner Untergebenen beunruhigen könnte, wodurch er Gefahr läuft, sie in die Lage zu bringen, daß sie um des Gewissens willen nicht gehorchen können. Dieser Grundsatz, redlich und ehrlich angewendet, würde schon genügen, alle Kirchenconflicte zu verhindern. Er würde sowohl den Regierungen, wie den landständischen Abgeordneten die Gewissenspflicht auflegen, sich bei Berathungen über kirchliche Angelegenheiten mit den Lehren und Einrichtungen jener Confessionen bekannt zu machen, denen sie nicht angehören, damit sie nicht Gefahr laufen, an dem schmählichen Unrecht der Vergewaltigung der Gewissen durch die Gesetzgebung ihres Landes mitzuwirken; er würde ihnen die Pflicht auflegen, die Stimme jener Abgeordneten, die auch ihrer Confession sind u. d die nur des Gewissens willen Bedenken gegen vorgeschlagene Gesetze erheben, und noch mehr auf die Stimme der rechtmäßigen Vertreter der Kirche und des gläubigen Volkes, die gewissenhafteste Rücksicht zu nehmen und dieselben mit der äußersten Sorgfalt zu prüfen; er würde ihnen die Pflicht auflegen, Kirchengesetze, welche das Gewissen des Volkes berühren, nicht im Sturme, sondern langsam, eingehender und gründlicher wie jedes andere Gesetz zu berathen. Nur diese Art der Behandlung kirchlicher Fragen sollte unmittelbar und direct aus dem oben angeführten Grundsatze, nicht aber, daß der Staat deshalb auf seine Souveranetät verzichtet und sich den Entscheidungen der verschiedenen Confessionen und ihres Kirchenregiments blindlings unterwerfen müsse. Jenes Princip des Culturkampfes kennt dagegen eine solche Rücksichtnahme bei kirchlichen Fragen nicht mehr. Sie werden schneller und rücksichtsloser behandelt, wie alle anderen Gegenstände der Gesetzgebung. Ohne alle Kenntniß der katholischen Kirche und des katholischen Glaubens, vielfach erfüllt von Abneigung und Vorurtheil, setzt man sich über alle Einwendungen der Katholiken, der Bischöfe, der Priester und des Volkes hinweg und den Schrei des

Gewiffens erwiedert man, im Gefühle einer fchrankenlofen Souveränetät, mit ftolzer Verachtung.

Ueber die Tragweite diefes Culturprincips fchrankenlofer
Staatsfouveränetät gibt uns die denkwürdige Correfpondenz zwifchen dem Bifchof von Ermeland einerfeits und dem Cultusminifter Dr. Falk, dem deutfchen Kaifer und dem Reichskanzler
Fürften Bismarck andererfeits vollen Auffchluß.

Der Cultusminifter Dr. Falk behauptete in einem Schreiben
vom 21. Mai 1872 an den Bifchof von Ermeland, daß letzterer
in einem früheren Schreiben an ihn, vom 30. März deffelben
Jahres, den Satz ausgefprochen habe, daß, wenn zwifchen den
Vorfchriften des kanonifchen Rechtes und den Landesgefetzen ein
Widerfpruch beftehe, „es Pflicht des Bifchofs fei, fo lange nach
den kirchlichen Normen zu handeln, bis die oberften Staats- und
Kirchenbehörden eine Befeitigung des Widerfpruches herbeigeführt
haben.“ Der Bifchof von Ermeland antwortete darauf in dem
Schreiben vom 15. Juni 1872, daß fein Schreiben vom 30.
März den obigen Satz nicht enthalte, er habe vielmehr
gefagt:

„1) Das kanonifche Recht, an welches ich mich in einer
Härefie betreffenden Angelegenheit gehalten, ift in feiner kirchlichen Gültigkeit für Katholiken in Preußen durch Staatsver-
träge, durch die Gefetzgebung und die Verfaffungsurkunde, anerkannt.

2) Im Fall eines Diffenfus zwifchen dem Staatsgefetze
und dem ftaatlich anerkannten Kirchengefetze, ftehe es dem einzelnen Bifchofe nicht zu, das Eine oder Andere außer Kraft zu
fetzen; eine Löfung des Widerfpruches der Gefetze fei Sache der
oberften Gewalten in Kirche und Staat.

3) Wo es fich aber um Glaubensfachen handle, fei
der Bifchof zunächft darauf angewiefen, nach kirchlichen Normen
zu handeln.“

Man follte glauben, mit diefer Erklärung habe die Sache
ihre Erledigung finden müffen; fo wurde es euch ohne Zweifel
vor der Culturepoche gefchehen fein und felbft die preußifchen

Minifterien hatten bis dahin diefen Standpunkt als richtig anerkannt. Daß „in Glaubensfachen“ ein katholifcher Bifchof
darauf angewiefen ift, nach kirchlichen Normen zu handeln, war
direct noch nie beftritten worden, feitdem katholifche Länder mit
der preußifchen Krone verbunden find. Anders jetzt in der Culturepoche, die etwa ein Jahr vorher begonnen hatte und in der
neuen Aera eine neue Aera begründete, bis auch diefe wieder
durch eine andere abgelöft werden wird. In die Zeit diefer
Correfpondenz fiel das Marienburger Feft, an dem auch Se.
Majeftät der Kaifer Antheil nehmen wollte. Dadurch fah fich
der Bifchof veranlaßt, ein unterthäniges Schreiben an den Kaifer zu richten. In dem Antwortfchreiben fah fich der Kaifer be-
wogen, auf jene Correfpondenz zwifchen dem Bifchof und dem
Cultusminifter zurückzukommen. Er bemerkte darüber: Das
Schreiben, welches der Bifchof am 30. März an den Cultusminifter gerichtet, habe die Regierung Sr. Majeftät in die Nothwendigkeit verfetzt, von dem Bifchof ein ausdrückliches Anerkennt-
niß der vollen Souveränetät des Staates in zweifellofer Geftalt
zu fordern. In der Antwort, die dem Kaifer vorgelegt worden,
fei indeffen nicht die von der Regierung erwartete Zufage, die
Landesgefetze in ihrem vollen Umfange befolgen zu wollen, fondern nur eine Anerkennung „der ftaatlichen Souveränetät des Staates“ enthalten.[1] Mit diefem Satze werde die Souveränetät des
Monarchen in feinen Landen eine andere Souveränetät, als
welche nur die kirchliche gedacht werden könne, gegenübergeftellt,
damit aber die Grundlage verfchoben, auf welcher das Verhält-

[1] Höchft bemerkenswerth! Die Anerkennung der ftaatlichen Souveränetät des Staates genügt alfo nicht mehr, fondern es wird gefordert die
Auflage, „die Landesgefetze in ihrem vollen Umfange befolgen zu wollen,“
felbft dann, wenn fie über die ftaatliche Souveränetät des Staates hin-
ausgehen. Das ift der Kern der Sache, darin liegt der, wie wir fpäter
fehen werden, die Negation einer vom Staate unterfchiedenen Kirche, oder,
mit andern Worten, die Identität von Staat und Kirche; die Behauptung,
daß die Kirche nunmehr ein Departement des Staates bilde unter derfel-
ben fouveränen Gewalt, wie alle anderen Staatsangelegenheiten.

niß zwischen Staat und Kirche in der preußischen Monarchie verfassungsmäßig geregelt sei. Die Beseitigung des hiernach bestehenden tiefgreifenden Gegensatzes zwischen der Regierung Sr. Majestät und dem Bischofe sei Voraussetzung für den Ausgleich der vorhandenen Differenzen und für die Fernhaltung ihrer Entwickelung zu ernsten Conflicten. Nur durch eine anderweitige Erklärung von Seiten des Bischofs könne der Gegensatz beseitigt werden. Hierauf antwortete der Bischof am 5. September 1872:

„Ew. Kaiserliche und Königliche Majestät möge huldvoll geruhen, auf Allerhöchstdero Zuschrift vom 2. September l. J. die ehrerbietige Versicherung entgegenzunehmen, daß ich durch meine in dem gehorsamsten Schreiben vom 13. Juni l. J. an des Herrn Cultusministers Excellenz enthaltene Betheurung meiner Anerkennung der vollen staatlichen Souveränetät des Staates irgend eine Beschränkung der Souveränetätsrechte desselben auf seinem Gebiete oder des aus demselben resultirenden schuldigen Gehorsams gegen die Landesgesetze, weder intendirt, noch auch, wie ich glaube, ausgesprochen habe.

Um jedoch der wohlmeinenden Aufforderung Ew. Majestät zu entsprechen und jedes Mißverständniß zu beseitigen, erkläre ich hiermit gern und rückhaltlos:

1) Daß ich die volle Souveränetät der weltlichen Obrigkeit auf staatlichem Gebiet anerkenne;

2) daß ich eine andere Souveränetät auf diesem Gebiete nicht anerkenne;

3) daß ich demgemäß die mir durch Gottes Wort auferlegte Pflicht, den Staatsgesetzen in vollem Umfange zu gehorchen, treu erfüllen werde.

Ich spreche dies mit derselben Aufrichtigkeit und Gewissenhaftigkeit aus, mit der ich andererseits bekenne, daß mir in Sachen des Glaubens und für die Wege des ewigen Heiles Gottes Offenbarung und Gesetz als alleinige und unumstößliche Norm gelten, und ich hierin der Offenbarung unseres Herrn und Heilandes Jesu Christi und der Autorität seiner durch ihn ge-

stifteten und vom heiligen Geist geleiteten Kirche ebenfalls ohne Rückhalt mich unterwerfe."

Auch diese Erklärung wurde für ungenügend gehalten, wie die beiden Schreiben des Fürsten Bismarck vom 5. und 16. September 1872 beweisen. Durch diese Correspondenz ist der oberste und leitende Gedanke des Culturkampfes und die Lage der christlichen Kirche ihm gegenüber vollkommen und in authentischer Weise klargestellt und darum ist sie von höchster und bleibender Bedeutung. Wie der Bischof antwortete, so mußte, mit Auslassung des letzten Satztheils über die Kirche, jeder gläubige Christ und mit Einschluß desselben jeder Katholik antworten. Diese Antwort genügte auch bis vor drei Jahren; seitdem ist es anders geworden. Selbst für Glaubenssachen darf der Christ sich nicht mehr der Staatsgewalt gegenüber auf Christus und die Kirche berufen. Er darf nicht mehr sagen, daß es neben dem Gebiete des Staates noch ein Gebiet gibt, über welches der Staat nicht verfügen kann. Es ist die Proclamirung der schrankenlosesten Staatssouveränetät und der schrankenlosesten Pflicht, sich ihr zu unterwerfen. Daß damit der oberste Grundsatz der katholischen Kirche geläugnet ist, bedarf keines Beweises. Auf die Frage: Durch wen wird die göttliche Lehre in der Kirche immer rein und unverfälscht bewahrt? antwortet der katholische Glaube: Durch das unfehlbare Lehramt in der Kirche. Auf die weitere Frage: Wer bildet dieses unfehlbare Lehramt? antwortet die katholische Glaubenslehre: Der Papst und die mit ihm vereinigten Bischöfe. Auf die weitere Frage: Warum ist dieses Lehramt unfehlbar? antwortet derselbe Glaube: Weil es durch den Beistand des heiligen Geistes weder in seiner Glaubens- noch Sittenlehre irren kann. Wo katholische Bischöfe und katholische Christen diese Lehre nicht mehr offen bekennen dürfen, da ist die Berechtigung der Existenz der katholischen Kirche geläugnet.

Es versteht sich ferner von selbst, daß damit an die Stelle der obersten Entscheidung der Kirche in Glaubenssachen die Entscheidung der obersten Staatsgewalt und des Staatsoberhauptes gesetzt ist, also auch ein protestantisches Ministerium und ein protestantischer Landesherr. Welche zerstörende Wirkung aber für die Kirche dieses Culturprincip hat, werden wir sogleich bei dem folgenden Punkte und später bei den einzelnen Geschenkworten ersehen, die wesentlich hierauf beruhen.

Ebenso evident ist es, daß in diesem Grundsatze die Läugnung des Christenthums als einer göttlichen Offenbarung und Institution eingeschlossen ist. Der gläubige Protestantismus erkannte den Landesherrn auch als das Oberhaupt der Kirche an; darin lag aber noch nicht die Anerkennung der absoluten staatlichen Autorität über das Gebiet des Christenthums, weil ihm diese Stellung nicht als Oberhaupt des Staates, sondern als dem vornehmsten Mitglied der protestantischen Gemeinde eingeräumt wird. Jetzt aber soll im Culturstaate die Staatsgewalt als solche die höchste Instanz auch für den christlichen Glauben sein. Das ist aber offenbar eine Läugnung der Göttlichkeit des Christenthums.

Aus diesem obersten Princip des Culturstaates entspringt nun das zweite, daß nämlich der Culturstaat in seiner Gesetzgebung über die Stellung der Kirche an kein historisches Recht, kein mit dem Oberhaupte der Kirche geschlossenes Concordat, kein feierliches Versprechen der Fürsten bei Besitzergreifung der katholischen Landestheile, keine bestehende Einrichtung der Kirche mehr gebunden ist. Das Alles wären so ebenso viele Beschränkungen seiner vollen Souveränetät. Er kann vielmehr über das ganze Gebiet der Kirche nach eigenem Ermessen durch Gesetze bestimmen, wenn nur Staatsregierung und Kammermajorität einverstanden sind, und jeder Katholik, jeder katholische Bischof und Priester, wenn er sich diesen gesetzlichen Bestimmungen nicht unterwirft, ist als Reichsfeind und Landesfeind zu behandeln.

Bis vor wenigen Jahren galt in Deutschland unverbrüchlich und allgemein der Grundsatz, daß keine der anerkannten christlichen Confessionen das Recht habe, über die Religionsan-

gelegenheiten der andern Confessionen zu entscheiden. Dieser Grundsatz war das Ergebniß der größten und schwersten Religionskämpfe, welchen der westphälische Friedensschluß ein Ende machte. Unzählige Male haben sich die Protestanten und protestantische Landesherren zu Gunsten protestantischer Minoritäten in katholischen Ländern darauf berufen. Das alles soll nun plötzlich anders werden, seitdem das katholische Oesterreich aus Deutschland geschieden ist und mit Ausnahme Baierns, die Katholiken überall eine Minderzahl bilden, während die ganze gesetzgebende Gewalt in der Hand großer protestantischer Majoritäten liegt. Da auf einmal fordert der Culturkampf ohne jede andere Begründung, als weil er behauptet, der Culturkampf zu sein, das gänzliche Verlassen jenes alten deutschen Friedensprincips, da auf einmal proclamirt man eine schrankenlose Souveränetät des Staates auch in den Religionsangelegenheiten, da auf einmal setzt man sich über die ganze deutsche Rechtsentwickelung hinweg und regelt gesetzlich mit protestantischen Majoritäten die innersten Anliegen unserer Religion.

Was das aber in unserem Großherzogthum zu bedeuten hat, liegt auf der Hand. Wir Katholiken sind zu von allen gesetzgebenden Factoren durch die factischen Verhältnisse so gut wie ausgeschlossen. Der Landesherr ist Protestant, alle Minister und Ministerialdirectoren sind Protestanten, in der ersten Kammer haben wir unter 40 Mitgliedern nur 6 Katholiken, in der zweiten Kammer aber ist es den Katholiken nach der Eintheilung der Wahlkreise nur möglich eine verschwindende Minorität durchzusetzen. Nach jenem Culturprincip entscheidet also der Protestantismus in unserem Großherzogthum über unsere Religionsangelegenheiten und zwar in der zweiten Kammer nicht der gläubige, sondern der fortgeschrittene liberale Protestantismus.

Aus diesen beiden Culturprincipien folgt endlich auch das dritte, daß jetzt nicht mehr die Kirche, sondern der Staat darüber entscheidet, wer zur katholischen Kirche gehört.

Nach diesem Grundsatze wird bereits gehandelt, gleichfalls in vollendeten Widerspruch zu allem, was seit Jahrhunderten Rechtens war. Darauf beruht die staatliche Anerkennung der von der Kirche abgefallenen und von ihr in der feierlichsten Weise excommunicirten sog. Altkatholiken; darauf die Anerkennung der Vereine jener aus der katholischen Kirche ausgeschlossenen Menschen als katholische Pfarrgemeinden mit demselben Rechte an katholisches Kirchenvermögen wie die Katholiken selbst es hatten; darauf endlich gleichfalls die im Widerspruch mit allem giltigen Rechte stehende staatliche Anerkennung eines vom Papste excommunicirten Priesters als katholischen Bischofs und die Gleichstellung desselben mit allen andern katholischen Bischöfen.

Nie und nimmer ist bestritten worden, daß es im Unterschied von allen andern christlichen Confessionen, im Unterschied von der griechischen Kirche, der anglikanischen und allen protestantischen Confessionen, zum Wesen der katholischen Kirche gehört, daß der Papst ihr Oberhaupt ist und daß über das, was katholische Lehre ist, nicht das subjective Urtheil des Einzelnen, sondern das aus Papst und Bischöfen bestehende Lehramt zu entscheiden hat. Auf diesem Grundbegriff der katholischen Kirche ruhen alle Verhandlungen zwischen Katholiken und Protestanten seit der Glaubensspaltung, alle Reichs- und Landesgesetze und die gesammte Rechtsprechung in und außer Deutschland. Wer den Papst als Oberhaupt anerkennt und sich dem Lehramte des Papstes und der Bischöfe unterwarf, wurde als Katholik betrachtet; wer ihn als Oberhaupt verwarf und an die Stelle des Lehramtes der Kirche sein subjectives Urtheil über den wahren Sinn der heiligen Schrift setzte, als Protestant. Dieser Grundbegriff ist nie bestritten worden, und ist auch jetzt noch in der ganzen Welt anerkannt. Seit vier Jahren ist das in Deutschland plötzlich anders geworden, und Männer, die die erbittersten Feinde des Oberhauptes der katholischen Kirche und des gesammten katholischen Episcopates der Welt, die in der feierlichsten Weise von dem Oberhaupte der Kirche von der Kirche ausgeschlossen sind, sollen gegen das Urtheil des Papstes und der ganzen ka-

tholischen Kirche als Katholiken anerkannt und ihnen gleichgestellt werden, weil einige protestantische Regierungen in Deutschland es so wollen und ihnen das Leumundszeugniß geben, gute Katholiken zu sein.

Eben so unfaßbar aber, wie die Sache selbst, ist ihre Rechtfertigung. Man sagt der Staat erkenne die Entscheidungen des vaticanischen Concils nicht an: folglich müsse er auch alle Katholiken, die alles das glauben, was sie vor dem vaticanischen Concil geglaubt hatten, auch jetzt noch für gleichberechtigte Glieder der katholischen Kirche ansehen, selbst dann, wenn sie jene Concil verwürfen. Eine Anerkennung der vaticanischen Glaubensentscheidungen wird nun den protestantischen Regierungen gewiß von keiner Seite zugemuthet, ebenso wenig wie die Anerkennung aller übrigen katholischen Glaubenssätze. Dagegen muß jeder Staat, wenn er nicht allen Namen, welche eine ganz bestimmte, in der ganzen Welt anerkannte rechtliche Bedeutung haben, plötzlich neue Begriffe unterstellen will, zugeben, daß zur katholischen Kirche, wie sie in Deutschland zu Recht besteht, nur der gehört, der den Papst als Oberhaupt anerkennt und sich in Glaubenssachen sein Urtheil dem Lehramt der Kirche unterwirft und daß der nicht mehr zu ihr gehört, welcher jene Anerkennung und diese Unterwerfung verweigert. Ueberdieß liegt in jenem Satze, man betrachte jetzt noch die als Katholiken, welche dasselbe glauben, was sie vor dem Jahre 1870 glaubten, ein handgreiflicher Widerspruch. Wenn Herr Dr. Reinkens und seine Anhänger vor dem Jahre 1870 aufrichtige Katholiken waren, so waren sie es eben nur deßhalb, weil sie den Papst als ihr Oberhaupt anerkannten und bereit waren sich den Lehrentscheidungen des mit dem Papste vereinigten Episcopates zu unterwerfen. Wenn sie daher heute diese maßgebenden Bestandtheile des Begriffes „katholischer Christ" verwerfen, so ist nur ein doppeltes möglich: entweder trugen sie schon vor dem Jahre 1870 mit Unrecht den Namen katholischer Christen oder sie glauben jetzt nicht mehr das, was sie vor dem Jahre 1870 geglaubt haben und dürfen folglich nicht mehr als Katholiken behandelt werden.

Der Standpunkt aber, den jetzt die Regierungen dadurch einnehmen, daß sie die Frage, wer Katholik sei, nicht mehr nach dem alten, in der ganzen Welt anerkannten und in Deutschland allen betreffenden Rechtsverhältnissen unterstellten Begriff entscheiden wollen, sondern vielmehr darnach, ob Jemand eine gewisse Anzahl von Glaubenssätzen noch für wahr halte, welche die protestantischen Regierungen für katholische Glaubenssätze erklären, steht nicht nur im Widerspruch mit dem ganzen Rechtsbestande der Kirche, sondern er führt auch zu den abenteuerlichsten Consequenzen. Diese Regierungen müssen dann nothwendig noch einen neuen Gerichtshof etabliren und eine Glaubensinquisition einrichten, um in jedem einzelnen streitigen Falle zu entscheiden, ob der betreffende als Katholik anzusehen ist oder nicht. Sie müssen ferner ein officielles Verzeichniß der staatlich anerkannten vorvatikanischen katholischen Glaubenssätze anfertigen lassen. Wer dann die staatlich anerkannten Glaubenssätze nicht mehr alle annimmt, muß von diesem Tribunale aus der Liste der Katholiken gestrichen werden. Zu solchen Ungeheuerlichkeiten führt diese moderne Begriffsbestimmung eines Katholiken.

Zudem ist sie aber auch die schreiendste Verletzung des bestehenden Rechtes. Nachdem Herr Dr. Reinkens in Preußen als gleichberechtigter katholischer Bischof von der Regierung anerkannt war, sprach der jetzige Mallinckrodt im preußischen Landtage die Worte: „Ja, ich klage den Herrn Cultusminister an vor der Landesvertretung und vor dem ganzen Lande, ihn, der immer darauf zurückkommt, daß die Gesetze des Staates beobachtet werden müssen, ihn klage ich des Gesetzbruches an. Der Gesetzbruch liegt in der allerhöchsten Cabinetsordre, die der Herr Cultusminister signirt hat und die datirt vom 19. September 1873 über die Anerkennung des Bischofs Reinkens. Ich hätte gar nichts dagegen zu erinnern, wenn ein „altkatholischer" Bischof, oder meinetwegen zehn anerkannt würden; es würde mich

auch gar wenig kümmern, ob dafür in einem viel reicheren Maße Dotationen bewilligt werden, als wie es andern Kirchengesellschaften gegenüber der Fall zu sein pflegt. Aber wenn man den gewählten „altkatholischen" Bischof als „katholischen" Bischof anerkennt, in der Reihe der vorhandenen Bischöfe der römisch-katholischen Kirche, dann ist das, meine Herren, ein Bruch des preußischen Gesetzes." Er bewies dann diese Anlage dadurch, daß die Bulle „De salute animarum" über die Begrenzung und Umschreibung der Bisthümer des preußischen Staates vom 23. August desselben Jahres, durch die Gesetzsammlung mit Gesetzeskraft publicirt worden sei und nur auf dem Wege der Gesetzgebung, nicht aber durch eine Verwaltungsmaßregel geändert werden könne. Die Ernennung des Dr. Reinkens stehe mit diesem Statut der katholischen Kirche des preußischen Staates über die Besetzung der bischöflichen Stühle im allerentschiedensten Widerspruch. Ganz dasselbe Rechtsverhältniß besteht in der oberrheinischen Kirchenprovinz. Auch hier ist die Besetzung der katholischen Bisthümer durch die päpstlichen Bullen „Provida solersque" vom 16. August 1821 und „Ad Dominici gregis custodiam" vom 11. April 1827 geregelt. Diese Bullen sind mit ausdrücklicher Beziehung auf die Besetzung der bischöflichen Stühle von den betreffenden Regierungen im October 1827 angenommen und als Gesetze publicirt worden. Auch in diesen Ländern kann daher auf einem andern als dem in diesen Bullen vorgezeichneten Wege gesetzlich kein anderer staatlich als katholischer Bischof anerkannt worden [1]). Was aber hier von der Rechtswidrigkeit der Anerkennung des Dr. Reinkens gesagt ist, gilt ebenso von jenen Regierungsmaßregeln, wodurch Personen, die von der Kirche abgefallen und von ihr feierlich ausgeschlossen sind, katholische Kirchen, katholische Pfründen, Theile katholischen Kirchenvermögens zugewiesen wer-

[1]) Die Anerkennung des Dr. Reinkens als eines katholischen Bischofs in Baden und Hessen steht daher offenbar mit dem bestehenden Rechte in Widerspruch.

ben. Das alles geschieht im Widerspruch mit dem bestehenden Rechte und ist ein Eingriff in das katholische Eigenthumsrecht.

Daß aber der Grundsatz, nach welchem der Staat zu entscheiden hat, wer zur katholischen Kirche gehört, nothwendig zur Vernichtung der Kirche selbst führen müßte, wenn Gott sie nicht beschützte, ist offenbar. Eine Gesellschaft, welche gezwungen wird, in ihrem Schoße als Mitglieder erbitterte Gegner ihrer principiellen Grundlagen zu dulden, ist in ihrer Existenz nicht nur bedroht, sondern geradezu negirt. Sie kann an sich ebenso wenig fortbestehen, wie der Körper, wenn er tödtliches Gift bei sich behalten muß. Gottes Schutz und die Treue des katholischen Volkes[1]) werden zwar verhindern, daß die natürlichen Folgen solcher Grundsätze in der Regel eintreten. Das vermindert aber nicht ihre feindliche Natur. Mit demselben Rechte, mit dem heute deutsche Regierungen offene Feinde der katholischen Kirche als Katholiken, ihre Vereine als katholische Parteien, ihre Führer in der Auflehnung gegen die katholische Kirche als katholische Bischöfe behandeln, können sie von jetzt an alle, die sich gegen Papst und Bischöfe empören, alle Sectirer unter ihren Schutz nehmen und in den Mitgenuß der wohlerworbenen Rechte der katholischen Kirche setzen. Damit ist von Staatswegen jede Möglichkeit eines Kirchenwesens, das, wie die katholische Kirche, wesentlich auf Einheit des Glaubens beruht, geläugnet. Damit

---

1) Wie sehr z. B. die Leiter der sogenannten altkatholischen Bewegung es fühlen, daß sie da, wo das alte katholische Volk mit seinem alten katholischen Glauben seine eigentliche ungebrochene Stärke hat, für ihre sogenannten altkatholischen Bestrebungen keinen Boden haben, beweisen sie so recht augenscheinlich durch die Auswahl der Gemeinden für ihre Thätigkeit. Treu ihres Namens fühlen sie wohl, daß sie sich da nicht sehen lassen dürfen, wo das Volk noch seine echte alte katholische Gesinnung hat. Daher suchen sie für ihre altkatholische Mission überall die deutschen Theile der Kirche, vornehmlich jene Gegenden auf, wo unter dem Einfluß einer der Kirche durchaus abgeneigten Regierung schon seit langen, langen Jahren die katholische Gesinnung vielfach Schaden gelitten hat. Je weniger ächter alter Katholicismus in einem Lande ist, desto besser gedeiht da dieser moderne Altkatholicismus und dadurch schon beweist er, was von seinem Namen zu halten ist.

ist jeder Spaltung und Empörung Thor und Thür geöffnet. Damit ist die katholische Kirche ganz in dieselbe Lage versetzt wie der Protestantismus, welcher sich wehrlos gefallen lassen muß, daß auch der offene Unglaube das Recht beansprucht, ihm anzugehören.

Das sind die drei großen Culturprincipien, welche jetzt in Deutschland maßgebend sind bei Behandlung der katholischen Kirche. Sie würden die Vernichtung der Kirche in sich schließen, wenn diese eine bloß menschliche Anstalt wäre. Aus ihnen sind nun auch die Gesetzentwürfe hervorgegangen, welche die Großherzogliche Regierung unsern Landständen vorgelegt hat und zu deren Betrachtung ich nunmehr übergehe.

V. Der Gesetzentwurf, betreffend die Vorbildung und Anstellung der Geistlichen.

Ich beginne mit diesem Gesetzentwurfe, weil er die Kirche in ihrer Existenz am meisten bedroht.

Die Motive erklären, das Gesetz beschränke sich auf die christlichen Kirchen. Die Juden und andere Religionsgenossenschaften, selbst wenn ihnen Corporationsrechte verliehen werden, sind also davon ausgenommen und genießen eine Freiheit, welche die staatsgefährlichen Christen nicht besitzen. Als Grund dieser Ausnahme, wie des Gesetzes selbst, wird angegeben: „die bevorzugte und bedeutsame Stellung, welche das geistliche Amt der christlichen Kirchen im Leben des Staates und Volkes genießt." Es trage „vermöge der Privilegien und des besonderen Rechtsschutzes, mit welchem der Staat es ausgestattet hat, den Charakter eines öffentlichen Amtes." Der mächtige Einfluß, den die Geistlichen übten, beruhe „nicht zum kleinsten Theil auf der bevorzugten Stellung, welche der Staat dem geistlichen Amt im öffentlichen Leben eingeräumt" habe. Auch entziehe sich „die Thätigkeit der Geistlichen in der Seelsorge und im Beichtstuhle" jeder „öffentlichen Cognition." Deßhalb sei der Staat ebenso

3*

berechtigt! als verpflichtet, Garantien dafür zu fordern, daß in diese Stellen keine Männer berufen werden, die „sein eigenes Leben gefährden."

Dazu bemerke ich nun erstens, daß ich für ein kleines Quentchen Freiheit und Lebensluft gern auf alle diese angeblichen Privilegien, welche der Staat der Kirche gewähren soll, verzichte; um somehr, da zu ihnen die Corporationsrechte nicht einmal gehören, weil diese auch andern Confessionen gewährt werden sollen, ohne ihre Freiheit zu beschränken. Ich bemerke zweitens, daß die wenigen Vortheile, welche der Staat der christlichen Kirche in seinen Gesetzen noch gewährt, weil aufgewogen werden durch die Vortheile, welche die Kirche dem Staate durch Pflege christlichen Sinnes und bürgerlicher Tugend gewährt, ohne welche ein geordnetes Staatswesen nicht möglich ist. Es ist gewiß ein kleinlicher Standpunkt, wenn man von Seiten des Staates jetzt immer der Kirche gewissermaßen eine Rechnung aufstellt für angebliche Vortheile, welche sie genießen soll, um auf Grund dieser Rechnung ihr dann jede Freiheit zu entziehen, ohne zu bedenken, daß ja der Staat vor allem an den Segnungen der Religion Antheil hat. Ich bemerke drittens, daß die katholische Geistlichkeit ihren Einfluß im Volke nicht einmal zum allerkleinsten Theile der bevorzugten Stellung verdankt, welche der Staat ihr eingeräumt hat, und daß vielmehr in Wahrheit der Einfluß der katholischen Geistlichen vielfach erschüttert und untergraben wird. Ich bemerke viertens, daß der Priester im Beichtstuhl sich nur um Sünden bekümmert, welche doch dem Staat nichts angehen; daß aber die hier erhobene und von Berlin importirte Verdächtigung, als ob der Beichtstuhl zu politischen Zwecken mißbraucht würde, eine Unwahrheit ist, die ich mit Entrüstung zurückweise. Wenn daher die Motive aus allen diesen Gründen den Schluß ziehen, das vorliegende Gesetz sei ein Bedürfniß, um die Gefahr vom Staate abzuwenden, daß Männer in den geistlichen Stand aufgenommen würden, welche die Aufgabe und den Zweck des Staates gefährden, so frage ich das Großherzogliche Ministerium, ob

denn bisher, wo diese Gesetze nicht bestanden, im katholischen Priesterstand des Großherzogthums Hessen solche Männer thätig gewesen sind, und wenn es der Fall gewesen wäre, warum das Großherzogliche Ministerium mich darauf nie und in keinem einzigen Falle aufmerksam gemacht hat, um Abhilfe zu schaffen? Dagegen ist es eine unbestreitbare und offenkundige Thatsache, daß kein Stand seinem Landesherrn von jeher treuer gewesen ist, als die katholischen Priester im Großherzogthum Hessen, und daß nie und nimmer auch nur ein Schatten des Gegentheils auf ein Glied dieses Standes gefallen ist. Auch an dieser Stelle berufe ich mich auf das Zeugniß, welches ich früher aus dem Munde unseres erhabenen Landesherrn angeführt habe. Das Großherzogliche Ministerium redet also hier von Gefahren, die absolut nicht existiren, und wegen dieser imaginären Gefahren, an die in Wirklichkeit kein Mensch glaubt, sollen Gesetze erlassen werden von so immenser und weittragender Bedeutung. Ich wiederhole daher, was ich schon früher von den Motiven dieser Gesetze im Allgemeinen gesagt habe: alle Erfahrungen und Thatsachen innerhalb des Großherzogthums Hessen beweisen, daß die Gefahren, gegen die man Schutz sucht, nicht existiren und daß daher nicht die angegebenen Motive den wahren Grund dieser Vorlagen enthalten, sondern die Bedürfnisse des Culturkampfes. Damit gehe ich zu dem Gesetze selbst über.

Von welcher Tragweite dasselbe ist, erhellt zur Genüge daraus, daß es ohne Weiteres und mit einer Naivität, als ob sich die Sache von selbst verstehe, die höchste Entscheidung über Bildung und Anstellung der Geistlichen von der Kirche auf den Staat überträgt; ja daß es sogar dem Staate die Befugniß beilegt, in gewissen Fällen das Recht, einen katholischen Pfarrer zu bestellen, vom Papst und Bischof auf eine beliebige andere Person zu übertragen. Es bestimmt es einseitig, welche Anstalten die Candidaten des geistlichen Standes für ihre Studien besuchen müssen, wie lange sie dort zu verweilen, in welchen Gegenständen sie ein Staatsexamen zu bestehen haben. Bezüglich der Anstellung derselben bestimmt es ebenso einseitig, daß nur denen ein kirchliches Amt übertragen werden könne, welche allen diesen Anforderungen genügt haben und welche nicht von der Staatsregierung unter Angabe des Grundes als ihr in bürgerlicher oder politischer Beziehung mißfällig erklärt worden sind. Da nach dem Gesetzentwurfe dem Staate über diese Mißfälligkeit aus den angegebenen Gründen in letzter und inappellabeler Instanz das Urtheil zusteht, so hat dadurch der Staat, oder in Wirklichkeit der betreffende Minister, ein ganz willkürliches Recht über das Schicksal der Priester zu entscheiden und jeden von jedem beliebigen Amte auszuschließen. Bezüglich der Uebertragung des Pfarrbesetzungsrechtes vom Papst und den Bischöfen auf andere Personen bestimmt das Gesetz, daß, wenn ein Bischof diesem Staatsgesetze nicht Folge leistet, der Patron oder Gemeindemitglieder, einen Pfarrer ernennen können. Da nun selbstverständlich Niemand ein Recht verleihen kann, welches er selbst nicht hat, so legt sich damit der Staat die Befugniß bei, mit Ausschluß der kirchlichen Obern, Pfarrämter zu verleihen und wie er dieses Recht vorläufig durch den Patron und Andere üben läßt, so steht nichts im Wege, daß er es bald selbst übt und alle katholischen Pfarrstellen gerade so wie die übrigen Staatsstellen besetzt. Es bedarf dazu nur eines weitern Gesetzes; die Befugniß dazu liegt bereits in diesem. In derselben Weise und mit demselben Rechte kann er dann auch diese Verordnung über Ausbildung und Anstellung der Geistlichen noch vervollständigen und den kleinen Rest der Freiheit der Kirche im Interesse des Staates abermals beschränken. Nach dem Standpunkt dieser Vorlage ist es überhaupt nur mehr eine Frage der Zeit, wann der Staat das Ausbildungs- und Anstellungsrecht der Geistlichen ausschließlich in seine Hand nehmen und der Kirche ganz entziehen will.

Daß diese Gesetzvorlage ein reiner Ausfluß der oben geschilderten Culturprincipien ist, bedarf keiner weitern Ausführung. Es liegt zu Tage. Sie folgt ganz von selbst aus der „vollen Souveränetät des Staates" in dem Sinne der „modernen Cultur," aus der vollen Unterordnung der christlichen

Kirche auf allen Gebieten, selbst dem der Lehre und des Glaubens, unter den Staat, aus der Pflicht, sich „allen Landesgesetzen in ihrem vollen Umfange" zu unterwerfen.

Ebenso offenbar ist es, daß die hervorgehobenen drei Bestimmungen dieses Gesetzes nicht mehr und nicht weniger sind als die Vernichtung der nach der Glaubenslehre der katholischen Kirche durch Christus selbst gegründeten Kirchenverfassung, als die Einführung des Protestantismus in die katholische Kirche, als der Versuch, protestantische Anschauungen der katholischen Kirche durch Staatsgewalt aufzuzwingen. In den wesentlichen Unterscheidungen zwischen Katholicismus und Protestantismus, zwischen der katholischen und protestantischen Lehre gehört es, daß nach katholischer Lehre Christus eine sichtbare Gemeinschaft mit einem sichtbaren Kirchenregimente, dem Papst und den Bischöfen als Nachfolgern des hl. Petrus und der übrigen Apostel, den Trägern der Vollmachten, welche Christus diesen übergeben, gegründet hat, während die Lehre von einer unsichtbaren Kirche und die Läugnung einer von Christus selbst gegründeten Kirchenverfassung zum Wesen des Protestantismus gehört. Darum konnte auch im Protestantismus das oberste Regiment in der Kirche auf den Landesherren übergehen, darum kann es auch theilweise oder ganz auf den Staat übergehen, ohne direct das protestantische Princip zu verletzen, darum schwebt der Protestantismus immer und überall in Gefahr, eine reine Staatsanstalt zu werden, weil er sich nicht auf eine göttliche Verfassung berufen kann. Wer dagegen die höchste Gewalt über die von Christus gestifteten Aemter und zwar bezüglich des ihnen von Christus angewiesenen Wirkungskreises von der Kirche auf den Staat überträgt, der vernichtet die Verfassung der Kirche, der zerstört die katholische Kirche selbst, der greift in das katholische Glaubensgebiet ein, der hindert uns, noch Katholiken zu bleiben.

Welche Folgen aber dieses Gesetz haben würde, wenn es längere Zeit seine Wirksamkeit äußern könnte, mögen einige unbestreitbare Thatsachen beleuchten.

Wie ich oben schon bemerkte, ist die von dem Philosophen

des Unbewußten geschilderte progressiv wirkende Ausleerung des Protestantismus von allen wahrhaft christlichen Bestandtheilen nicht so sehr durch die Consequenz des negativen Princips selbst bewirkt, als vielmehr durch die Beihilfe, welche dasselbe durch das Kirchenregiment und durch die Staatsschule erhalten hat.

Allen negativen Principien zum Trotz würde das protestantische Volk bei dem Glauben an die Gottheit Christi festgehalten haben, wie es ja jetzt noch durch diesen Glauben angetrieben wird, so viele christliche Anordnungen und Anschauungen sich zu erhalten, obwohl jener Glaube in weiter Ausdehnung aufgegeben ist. Ganz vorwiegend hat vielmehr das protestantische Kirchenregiment und die protestantische Staatsschule den Glauben an Christum im protestantischen Volke überall da untergraben, wo er Schaden gestiftet hat. Es hat zwar vor der Periode der Aufklärung protestantische Kirchenregimente gegeben, die bald für das Lutherthum, bald für Calvinismus gegriffen haben: seitdem aber in der Mitte des vorigen Jahrhunderts die Aufklärung immer mehr um sich gegriffen, hat das protestantische Kirchenregiment, welches überdies, trotz der principiellen Unterscheidung, in protestantischen Ländern immer mit dem Staatsregiment zusammenfiel, mit wenigen Ausnahmen für die fortschreitende Ausleerung des Christenthums gewirkt. Der Prozeß dabei war höchst einfach und steht in innigster Beziehung zu unserer Gelegenvorlage. Die Höfe verfielen fast alle der seichtesten Aufklärung. Dieser Geist der Höfe, mit ihrer schrankenlosen Souveränetät über Staat und Kirche, theilte sich in den damaligen protestantischen Ländern der ganzen Staatsverwaltung mit. In diesem Sinne wurden alle niederen und höheren Staatsschulen geleitet. So konnte es nicht ausbleiben, daß die Prediger, die auf diesen Staatsschulen gebildet wurden, nur zu oft demselben Geiste verfielen und daß das aufgeklärte Kirchenregiment in sehr vielen Fällen glaubiger christlichen Gemeinden Prediger vorsetzte, welche den Glauben an Christum auf der Staatsschule gänzlich eingebüßt hatten und nun, obwohl ihr Amt in den Augen des Volkes wesentlich ein Amt war, um das Christenthum zu fördern, ihre Stellung

dazu benützten, um die seichteste Aufklärung im christlichen Volke zu verbreiten. Daß diese Entleerung der christlichen Gesinnung im Volke durch das Kirchenregiment und die Staatsschule seit hundert Jahren nicht immer mit derselben Energie und auch nicht ohne Reactionen, wie unter dem seligen Schwärz König von Preußen, stattgefunden, versteht sich von selbst. Das ändert aber nicht die ganz unläugbare Thatsache, daß Kirchenregiment und Staatsschule das positive Christenthum im deutschen Protestantismus tief beschädigt haben.

Ein Beweis, wie sehr jene Kreise, welche diese negative Richtung vor Allem befördern, davon durchdrungen sind, daß sie ohne jene Beihilfe ihr Ziel nicht erreichen können, ist jener bemerkenswerthe Vorfall, auf den ich schon früher einmal öffentlich aufmerksam gemacht habe. In der ganzen ersten Periode des Protestantenvereins war die Richtung vorherrschend, den Protestantismus wieder vollsthümlich zu machen. Man behauptete allgemein, darin liege eben die Macht des Protestantismus gegenüber dem Katholicismus, eine ächte Volkskirche zu sein und nur dadurch sei er rechtmäßig geworden, weil er von oben herab, statt von unten her regiert worden sei. So ging es eine Zeit ohne allen Widerspruch und der Professor Schenkel erndtete auf diesem Boden seine Lorbeeren. Plötzlich verstummte aber diese Lobpreisung der Volkskirche mehr und mehr und als dann wieder ein tiefeingeweihtes Orakel dieser Partei den Mund aufthat, da hörten wir ganz andere Dinge. Der Großmeister der Loge von Bayreuth, Herr Dr. Bluntschli, versicherte nämlich, die Sache mit der Volkskirche sei doch nicht ganz unbedenklich; man dürfe ja nicht verleunen, welchen Vorschub die wahre Cultur durch die protestantischen Landesherren und ihr Kirchenregiment erhalten habe; im Grunde komme es nicht so sehr auf die Gemeinde an, als auf ein gutgeleitetes Consistorium. Es fehle nichts, als ein Consistorium mit einem Molke an der Spitze, dann werde die Cultur in rechten Fluß kommen. So ist es auch und wir müssen dieser Einsicht des Herrn Bluntschli unsere volle Zustimmung zollen. Das, was die Culturhelden wollen, nämlich

— 44 —

Päpste dieses Recht als das wesentlichste zur Existenz der Kirche anerkennen und daß ihnen die Läugnung desselben unmittelbar als ein Versuch der Vernichtung der Kirche erscheint. Während aber diese Verhandlungen noch fortdauerten, suchten einige Regierungen, troß dieses Protestes, ihre Grundsäße über die staatliche Erziehung des Klerus practisch einzuführen. Am wenigsten ging man darin in jenem Lande, wo die katholische Kirche zwar keine blutige Verfolgung, wie in Irland, zu dulden gehabt hat, wohl aber eine anhaltende unblutige, eine Verfolgung ihres Geistes und ihrer Grundsäße mit allen Mitteln einer feindlichen Bureaukratie, wie vielleicht in keinem andern Lande der Welt, nämlich im Großherzogthum Baden. Man nahm keinen Anstand, antikirchliche Professoren, wie Amman, Schreiber, Reichlin-Meldegg u. s. w. anzustellen und die katholischen Theologen zu zwingen, bei ihnen ihre Vorlesungen zu besuchen; Männer, welche später von der Kirche abfielen, theils zum Rongethum, theils zum Protestantismus, und vor den jungen Theologen den Cölibat und andere Einrichtungen der katholischen Kirche verspotteten und verhöhnten. Eine Zeitlang dachte man sogar daran, einen öffentkundigen Atheisten und Religionsspötter als Professor der Philosophie anzustellen¹). Der alte achtzigjährige Erzbischof Voll mußte sehen, wie sein Klerus auf den Staatsschulen verdorben wurde. Zu einem Schreiben voll des tiefsten Schmerzes bat er um Abhülfe, aber sein Flehen blieb unbeachtet. Ueber die Zustände, welche dadurch in der Erzdiö-

¹) Wer sich einen Begriff von diesen Verhältnissen und Uebergriffe der Vereine der Kirche machen will, muß die „katholischen Zustände in Baden, Regensburg 1841" und die unter demselben Titel zu Regensburg 1843 erschienene Fortsetzung lesen. Was dort namhafte mitgetheilt wird, überträgt wahrhaft allen Begriff. Troß Jahre lang der Regierung die Professur der Philosophie in Freiburg vacant, schließe denn einen anerkannten Atheisten dazu vor und trat endlich von dicht Belegung nur zurück, als die katholische Fakultät erklärte, sie werde in dem Falle der Belegung mit diesem Manne abdanken. Aehnliche Verhältnisse herrschten auf den niederen Schulen, Bürgerschulen und Gymnasien; die katholischen Kirche feindlichgesinnte Geschichts- und Schulbücher wurden eingeführt u. s. w.

— 45 —

oese Freiburg eintraten, habe ich später oft ältere Geistliche bei meinem im Auftrage des seligen Herrn Erzbischofes in der Erzdiöcese gemachten Rundreisen sprechen hören. Sie erzählten mir, wie von den vielen Jugendgenossen, welche zu jener Zeit mit ihnen voll freudiger katholischer Begeisterung in die Gymnasien und Lyceen eingetreten, am Ende der Studienzeit nur ein ganz kleines Häuflein übrig geblieben sei, welches sich noch seinen katholischen Glauben bewahrt habe; wie dann aber ihre katholische Gesinnung auf der Universität durch die Vorlesungen der erwähnten Professoren fast bei allen mehr und weniger Schaden gelitten habe. Einer von ihnen, ein einsichtiger und würdiger Mann, versicherte mich, daß er selbst anfänglich in Folge dieser Studien und der größten Zahl der Pfarrer des Decanates, wo er die erste Anstellung fand, der Gesinnung nach mehr liberaler Protestant, als katholischer Priester gewesen sei, und daß er damals hauptsächlich durch die entschiedene katholische Gesinnung des braven Volkes vor weiteren Schritten auf dieser abschüssigen Bahn bewahrt worden seien. Erst nach und nach, namentlich seit dem Kölner Ereigniß von 1837, hätten sie mehr und mehr ihre Verirrung erkannt.

Da sehen wir an einem lebendigen Beispiele, was der katholischen Kirche bevorsteht, wenn diese Grundsäße über die Bildung des Klerus auf den Staatsschulen allgemein verwirklicht würden. In Baden ist der natürliche Verlauf der Entleerung von allem Christenthum mittels der Staatsschule und der auf ihr gebildeten Geistlichen durch das Wiedererwachen des katholischen Lebens in Deutschland unterbrochen worden. Seitdem hat auch die Staatsregierung nicht mehr gewagt, alle Consequenzen dieses verderblichen Systems wie früher zu ziehen und eine Anzahl tüchtiger Professoren wurden als Lehrer berufen. Dennoch hat jene Zeit tiefe Schäden in manchen Gemeinden zurückgelassen, welche jetzt zu Tage treten. Auf sie wirkt sich der sogenannte Altkatholicismus und hier allein hofft er auf einige Erfolge. Ich kann die verirrten Menschen jener Gegenden nicht hart beurtheilen; die Staatsschule hat dafür gesorgt, daß sie ihre

Kirche nicht kennten, der ihre Vorfahren mit so treuer Liebe anhingen. Wenn aber Staatsregiment und Staatsschule, wie sie die Gesetzvorlage bezüglich der Ausbildung und Anstellung etablirt, in der katholischen Kirche Deutschlands zur Herrschaft gelangen könnten, dann wäre es um die katholische Kirche geschehen, dann würde der Proceß der völligen Entchristlichung unaufhaltsam fortschreiten. Als wirksames Mittel dazu bietet sich der im Culturkampf ja ohnehin schon feststehende Gebrauch, Alles, was noch den letzten Funken katholischer Gesinnung in sich hat, Ultramontanismus und Jesuitismus zu nennen. Wie könnte man dem Culturstaate zumuthen, an seinen Culturanstalten Ultramontane und Jesuiten anzustellen. Da überdies jeder Ultramontanismus und Jesuitismus auch staatsgefährlich ist, so genügt der Verdacht desselben schon, um auch jeden gläubigen Priester aus „bürgerlichen und politischen Gründen" von jedem Kircheramte auszuschließen. Es würden also nur mehr Culturprofessoren an Universitäten angestellt werden, diese würden dann echte Culturpriester bilden und so wäre es dann endlich ein Leichtes, auch in der ultramontanischen Gemeinde durch den Culturseelsorger die Cultur zu verbreiten. Daß dieser Zustand bis jetzt an den Universitäten mit theologischen Fakultäten noch nicht in voller Ausdehnung eingetreten ist, daß jetzt noch sehr verdiente Männer und treue Söhne der Kirche an ihnen vielfach wirken, liegt lediglich daran, daß der Culturkampf erst seit wenigen Jahren im vollen Gange ist. Der Abfall so vieler Professoren von der Kirche und die Anstellung eines excommunicirten Priesters in jüngster Zeit als Professor der katholischen Glaubenslehre in Bonn zeigen aber genügend, welcher Zukunft die Staatsschulen entgegengehen.

Dieser Gesetzentwurf bedroht aber nicht nur die Existenz der Kirche, sondern er steht auch mit dem geltenden Rechte in offenbarstem Widerspruch und enthält einen Rechtsbruch an uns Katholiken im Großherzogthum Hessen. Wir gehören dem Großherzogthum nur an auf Grund des Reichsdeputationshauptschlusses und des Wiener Friedens. Jener aber schützt uns, wie wir vorher sahen, ausdrücklich gegen jede „Aufhebung und

Kränkung aller Art" in unserer Religionsübung. Diese Gesetzvorlage ist aber die tiefste Kränkung unserer Religionsübung, die nur gedacht werden kann. Wenn dagegen die Culturkämpfer in gewohnter Weise sagen, das sei ja in keiner Weise der Fall, man lasse ja Bischöfe, Domcapitel und Priester, die ganze äußere Gestalt der Kirche, ganz unverletzt und unverletzt, so verschweigt man dabei, daß es für die christliche Kirche eine unendlich viel größere Kränkung gibt, als die Zerstörung ihres äußeren Organismus, nämlich die Verfälschung ihres christlichen Geistes. Wie sehr dies aber geschieht bilden die Gesetzvorlage, habe ich hinreichend auseinander gesetzt. Außerdem bestimmt das französische Concordat vom Jahre 1801: „Die Bischöfe haben das Recht an ihren Kathedralen ein Kapitel und für ihre Diöcese ein Seminar zu errichten." Auf Grund dieser Bestimmung hat der hochselige Bischof Colmar jenes berühmte und blühende Mainzer-Seminar errichtet, von dem das jetzige lediglich eine Fortsetzung ist. Niemand kann mir daher ohne Rechtsverletzung die Befugniß nehmen, in einem eigenen Seminar die Priester meiner Diöcese für ihren heiligen Beruf auszubilden. Eine spätere gesetzliche Grundlage bilden die Bullen vom 16. August 1821 und vom 11. April 1827. In jener heißt es: „Da nach der Vorschrift des hl. Concils von Trient für Erziehung und Unterricht des Klerus ein Seminar für junge Geistliche unter freier Regierung und Verwaltung des Bischofs in dem gedachten Erzbisthum und Bisthümern bestehen muß, wo eine nach dem Nutzen und Bedürfniß der Diöcese hinreichende Zahl von Jünglingen aufgenommen werden kann, und da in vier dieser Diöcesen dasselbe schon besteht, so bestimmen wir, daß es auch in der letzten bald möglichst errichtet werde." In der letzten Bulle aber heißt es: „In dem erzbischöflichen oder bischöflichen Seminar soll eine solche Anzahl von Alerikern unterhalten und nach den Bestimmungen der Decrete von Trient unterrichtet und erzogen werden, welche der Ausdehnung und dem Bedürfniß der Diöcese entspricht und von dem Bischofe zu bestimmen ist." Beide Bullen sind in unserm Großherzogthum am 12. October

1827 gejeglich publicirt worden. Zwar ist bei dieser Bekannt-
machung ausgesprochen, daß aus denselben nichts abgeleitet
werden dürfe, was den landesherrlichen Hoheitsrechten oder den
Landesgesetzen und Verordnungen ꝛc. widerspreche. Ferner ist
gesagt, daß die Bulle, „soweit solche die Bildung der oberrheinischen Kirchenprovinz, die Begrenzung, Ausstattung, Einrichtung
der dazu gehörigen fünf Bisthümer mit ihren Kapiteln ꝛc. be-
treffe," die landesherrliche Genehmigung erhalten habe. Es ist
aber eine unehrliche und falsche Interpretation, wenn man deshalb den Inhalt dieser Bullen willkürlich deuten und einem
großen Theil derselben dadurch die Gesetzeskraft entziehen will,
daß man bald sagt, er widerspreche den Hoheitsrechten, bald er
sei unter den Gegenständen, die bei Publication der Bullen genannt werden, nicht ausdrücklich erwähnt. So sucht man namentlich die Bestimmungen über die Seminarien unwirksam zu
machen. Wenn das aber die Absicht bei der Publication war,
so hätte man entweder nur diejenigen Theile der Bulle publi-
ciren dürfen, die man anerkennen wollte, oder man hätte, als
man den ganzen Inhalt publicirte, ausdrücklich erklären müssen,
welche Bestimmungen man nicht annehme. Wenn man dagegen
nach Jahrelanger Verhandlung den ganzen Text dieser Bullen
publicirte, so erkannte man damit an, daß der unmittelbare und
einfache Sinn dieser Bullen in ihrer ganzen Ausdehnung den
landesherrlichen Rechten nicht widerstreite, und daß man nur
Mißdeutungen derselben zum Nachtheil landesherrlicher Rechte
ausdrücklich vorbrugen wolle. Jede andere Deutelei an der Publication dieser Bullen ist falsch und wirft auf die Regierungen
den Schein eines unehrlichen Verfahrens. Ich habe also auch
nach diesen Bullen das volle Recht, als Bischof dieser Diöcese
zur Ausbildung meines Klerus Seminarien nach Vorschrift des
Concils von Trient zu besitzen. Dieser Besitz ist auch nie
rechtlich unterbrochen worden. Die Motive zu diesem Gesetze stellen
zwar die Sache so dar, als ob durch die Bestimmungen des
Ediktes vom 30. Januar 1830 und die Errichtung der theologischen Fakultät in Gießen dieser Rechtsbestand unterbrochen

worden sei. Das ist aber mit der Wirklichkeit im vollen Widerspruch. Zur selben Zeit, als die Fakultät in Gießen eingerichtet
wurde, hat der Bischof Burg das Lehrerpersonal an dem hiesigen
Seminar noch vermehrt und dadurch zu erkennen gegeben, daß
er weder durch das Edict noch durch die Fakultät in Gießen,
sein Recht, ein vollständiges Seminar zu besitzen, in irgend
einer Weise alterirt halte. Ich kann daher mit voller Wahrheit
sagen, daß, so lange wir in der Diöcese Mainz Christen sind
und Bischöfe diese Diöcese geleitet haben, mit einziger Ausnahme
der Schreckenszeit der französischen Revolution, noch nie einem
Bischofe das Recht abgesprochen worden ist, seinen Klerus in
einer eigenen Lehranstalt zu bilden. Und dieses erste und wich-
tigste meiner bischöflichen Rechte soll mir nun entzogen werden,
weil es so der Culturkampf fordert.

Wie dieser Gesetzentwurf aber die wohlerworbenen Rechte
der Mainzer Kirche verletzt, ebenso sehr verletzt er jede Billig-
keit. Meine beiden Konvicte hier in Mainz und in Dieburg
sollen unterdrückt, das hiesige Seminar aber seines ganzen Charakters entkleidet werden, so daß kaum etwas anders als eine
Einübungsanstalt für practische Bedürfnisse der Pastoration davon übrig bleiben würde. Wie namenlos hart ist das!

Das Konvict hier in Mainz hat die Bestimmung, Studenten, welche die oberen Klassen des Gymnasiums besuchen, vor
den Gefahren, denen junge Leute, die das elterliche Haus
verlassen, in den Wohnungen und Kosthäusern einer großen
Stadt ausgesetzt sind, zu bewahren und ihnen unter Leitung
eines tüchtigen Priesters ein gutes Wohn- und Kosthaus zu
bieten, wo sie ungestört und ungefährdet den Studien obliegen
können. Ein früherer Director des hiesigen Gymnasiums, Herr
Dr. Grieser, hatte mich oft auf die Gefahren, welchen die Studenten in Mainz, die hier nicht ihre Eltern haben, ausgesetzt
sind, hingewiesen und mich wiederholt gebeten, eine solche Anstalt
zu gründen. Langjährige Beobachtung überzeugte mich immer-
mehr, wie groß dieses Bedürfniß sei und wie manche vortreff-
liche junge Leute durch schlechte Wohnungen und Kosthäuser

stitlich zu Grunde gehen, und für ihr ganzes Leben Schaden leiden. Man sollte glauben, daß gegen eine solche Anstalt kein Einwand erhoben werden könnte. Großherzogliches Ministerium ist anderer Meinung. Es fürchtet nach seinen Motiven, daß schon im Kinde „jede freie und selbständige Entwickelung des Charakters" unterdrückt werde, und diese Furcht genügt zur gesetzlichen Unterdrückung der Konvicte. Mit dieser Furcht steht nun die Wirklichkeit im vollen Widerspruche; an keinem Kinde ist man im Stande eine Spur dieser Einwirkung des Konvictes nachzuweisen. Wer möchte auch wagen zu behaupten, daß die aus diesem Konvicte hervorgegangenen jungen Leute weniger Charakter haben als jene, welche sich unter den gefährlichsten Verhältnissen ihre Kosthäuser in allen Ecken und Winkeln der Stadt, oft in der Nähe von Corruption und Schlechtigkeit aufsuchen müssen. Aber auf Thatsachen kommt es ja überhaupt bei dem Culturkampfe nicht an. Das Ministerium vermuthet diese Charakterabschwächung und mit ihm werden es ohne Zweifel alle jene Abgeordneten vermuthen, welche nie eine katholische Anstalt gesehen und sie höchstens aus Romanen kennen gelernt haben. Und diese Vermuthung genügt vollständig, um durch ein Gesetz Eltern, welche ihre Kinder in Mainz studiren lassen wollen, das ursprünglichste Elternrecht, für ihre Kinder noch freier Wahl ein Kosthaus zu suchen, zu entziehen und sie zu zwingen, dieselben vielleicht in Winkelkosthäusern unterzubringen. Eingebildete Gefahren in katholischen Konvicten glaubt das Großherzogliche Ministerium zu entdecken, und für wirkliche Gefahren scheint es kein Auge zu haben.

Aehnlich steht es mit dem Konvicte in Dieburg. Es hat die Aufgabe, Jünglinge für den Besuch der höheren Gymnasialklassen vorzubereiten. Es ist gegründet mit großen Kosten und großer Liebe. Das neuaufgeführte Gebäude allein kostet 91,000 Gulden. Soweit diese Unkosten gedeckt sind, habe ich sie durch jahrelange Ansammlung milder Beiträge, welche mir freiwillig dargereicht wurden, zusammengebracht. Aber auch eine große Schuldenlast scheute ich nicht. Ich vertraute dabei der Erfahrung,

daß unsere Eltern eine Anstalt, wenn sie nur nach allen Seiten hin allen Anforderungen zu entsprechen versteht, nie unbevölkert lassen. An eine Störung dieser Anstalt von Seiten der Staatsregierung konnte ich aber um so viel weniger denken, da ich es für ganz unmöglich hielt, daß dieselbe heute die Genehmigung zu einer Anstalt geben könne, um sie nach wenigen Jahren, nachdem sie mit großen Kosten ins Leben gerufen und schwere Schulden auf ihr haften, wieder zu unterdrücken. Das hielt ich für unmöglich; ich hielt es um so vielmehr für unmöglich, weil ich den Entschluß hatte, die Anstalt so einzurichten, in Bezug auf Localität, auf Unterricht, auf Erziehung, auf Pflege der Gesundheit, daß jeder gerechte Tadel auch Seitens der Staatsbehörden unmöglich sei. Gott führte mir nun Männer zu, die diesen Plan mit eben so viel Einsicht, wie mit opferwilligster Hingabe aller ihrer Kräfte zur Ausführung gebracht haben. So ist die Anstalt das geworden, was sie ist. Sie kann sich, wie ich glaube, jeder ähnlichen Privatanstalt in Deutschland an die Seite stellen. Man sollte glauben, daß, wer studirende Jünglinge und ihr Wohlergehen lieb hat, sie nicht ohne die höchste Befriedigung besuchen könnte. Ich lade mir nun Männer zu, die Mitglieder der Kammer zu diesem Besuche ein, damit sie wenigstens über Dinge urtheilen, die sie gesehen haben. Und nun soll diese Anstalt, die bereits das höchste Vertrauen der Eltern genießt, durch ein Gesetz unterdrückt werden; nun sollen die Eltern gleichfalls gezwungen werden, statt dieser schönen freundlichen Zustandsställe, wo die Kinder frisch und freudig heranwachsen, gesund an Leib und Seele, beschützt vor vielen Gefahren und angeleitet zu allem Guten, Kosthäuser in den Städten aufzusuchen, um ihre Kinder von der zartesten Jugend an, wenn sie nicht auf die Gymnasialstudien für dieselben ein für alle Mal verzichten wollen, ohne genügende Aufsicht acht oder neun Jahre dort unterzubringen. Und das Alles, weil, wie das Großherzogliche Ministerium zu glauben scheint, der Charakter sich besser in einer vielleicht recht ärmlichen und ungesunden, vielleicht sogar noch schlimmern Wohnung in der Stadt, als im Konvict in Dieburg entwickeln soll.

4 *

Und welche Härte liegt in der Unterdrückung des hiesigen Seminars; denn die Bestimmungen des Gesetzentwurfes sind im Grunde eine Unterdrückung desselben! Das Seminar ist in seiner vollen Blüthe. Kein Schatten eines Vorwurfes trifft dasselbe. Das Großherzogliche Ministerium hat ja seit Jahren Gelegenheit, den Vorstand desselben in der Ersten Kammer in der Person des Herrn Domkapitulars Dr. Monsang kennen zu lernen und sich davon zu überzeugen, daß das Seminarleben weder den Charakter schwächt, noch auch zur Unkenntniß der öffentlichen und bürgerlichen Verhältnisse führt. Ihm zur Seite steht ein so vollständiges Lehrercolleg, wie keine theologische Facultät in Deutschland an Staatsschulen ein ähnliches besitzt. Die Mitglieder desselben haben fast alle durch wissenschaftliche Werke bewiesen, daß sie ihren Collegen an den Hochschulen in der Wissenschaft nicht nachstehen. Was aber die Studien der Seminaristen und die geistige Arbeit derselben angeht, so ist es kaum möglich ihre Leistungen zu überbieten. Und diese blühende theologische Schule, eine der letzten, die die Kirche noch in Deutschland hat, dieses Werk langjähriger äußerster Anstrengung aller an demselben mitwirkenden Priester, soll nun aus keinem andern Grunde zerstört werden, als weil man auch hier allerlei unbegründete Dinge von einer Anstalt vermuthet, die man nicht näher kennt. Doch wozu braucht man noch katholische Anstalten zu kennen, um über sie zu urtheilen, es genügt ja zu jedem abfälligen Urtheile, daß sie eben katholisch sind. Und auf Grund solcher Urtheile soll von nun an das katholische Volk der Mainzer Diöcese keine Priester mehr haben, die im Seminar priesterlich gebildet, sondern Priester, die durch alle Gefahren eines wüsten Studentenlebens hindurchgegangen sind.

Endlich aber muß ich noch darauf hinweisen, in welche Lage das Gewissen eines katholischen Bischofs durch diese Gesetzvorlage gebracht wird. Der katholische Priester ist nicht etwa bloß ein Prediger, der später zu jedem beliebigen Berufe übergehen kann; er empfängt die höheren Weihen mit ihrem unauslöschlichen Charakter und ihren untilgbaren Pflichten. Daher

gibt es auch für einen katholischen Bischof keine schwerere Frage als die Entscheidung, wem er diese Weihen ertheilen, wem er sie verweigern müsse. Die Vorstellung, daß Bischöfe durch eine langjährige Dressur in den Priesterstand hineindressirten, wo sie dann den Priester wie in einem Käfig für das übrige Leben gefangen hielten, gehört eben ganz dem Gebiet der unwahren Vorstellungen des Culturkampfes an. Ein Bischof, der so handeln würde, handelte gewissenlos. Aehnlich steht es um die spätere Anstellung als Pfarrer. Es gibt keine schwerere Verantwortung für einen Bischof als diese. Er macht sich, soweit ihn dabei Schuld trifft, mit verantwortlich für alles Gute, das auf lange Jahre in der Gemeinde unterbleibt, für alles Böse, was dort geschieht. Wenn der Bischof, der eine freie Wahl hat, unter den verschiedenen Bewerbern nicht den wählt, den er unter den gegebenen Verhältnissen für den besten hält, so macht er sich einer Todsünde schuldig. So ernst nimmt die Kirche die Besetzung kirchlicher Stellen. Auch machen sich Jene, die die katholische Seelsorge nicht kennen, eine ganz verkehrte Vorstellung von der Aufgabe eines katholischen Pfarrers. Er ist nicht dazu da, um etwa jeden Sonntag eine schöne Vorlesung zu halten, wie in einem Academiesaale; er ist auch nicht dazu da, um Vorträge über Literatur, Geschichte oder Philosophie zu halten; sondern er ist dazu da, um Christi Volk zu betreten; um ein Diener des christlichen Volkes zu sein; um ihm in allen seinen Anliegen, mit christlichem Rath und christlicher That zur Seite zu stehen; um die Armen zu trösten, die Unwissenden zu belehren, die Sterbenden zu stärken; um sein ganzes Leben lang sich dem christlichen Volke nach dem Vorbilde und der Anweisung Christi aufzuopfern und ihm zugleich in seinem ganzen Leben nicht das Vorbild eines Professors oder eines Beamten, oder eines Lehrmannes, sondern eines Hirten nach dem Vorbilde Christi vor Augen zu stellen. Das ist die Idee des Pfarrers. Wenn wir sie auch nicht alle erreichen, so sollen wir alle darnach streben, und wenn auch leider nicht alle darnach streben, so streben zahlreiche Priester nach der Erreichung dieser Idee und das ganze katholische Volk kennt sie gründlich und stellt darnach seine Anforderungen. Nun soll ich noch diesem neuen Gesetze Priester weihen und sie durch die Weihe für ihr ganzes Leben binden, die ich gar nicht kenne, die vielleicht bis vor einem Jahre noch lustige Studenten mit allen leichtsinnigen Streichen des Studentenlebens gewesen sind; nun soll ich sogar diese so geweihten Priester, die vielleicht durch die Staatsschule um ihren reinen Glauben gebracht, Euch zu Pfarrern geben, zu Seelsorgern. Da käme ich ja in die Lage, am Ende meines Lebens noch an Euch, geliebte Diöcesanen, zum schändlichen Verräther zu werden; Euch, wo Ihr mich um Brod bittet, einen Stein, und wo Ihr um einen Fisch bittet, eine giftige Schlange, und wo Ihr mich um einen Hirten bittet, einen Wolf im Schafspelz zu geben. Da sei Gott vor; dazu bin ich zu nahe vor dem Richterstuhle Gottes. Daher möget Ihr Euch nicht wundern, wenn Ihr vielleicht später hört, daß ich keinen Priester mehr weihe und daß ich Euch keinen Pfarrer mehr sende. Es ist besser, Ihr lebt und sterbt ohne Priester und ohne Sakramente, als daß ich Euch einen durch moderne Cultur und Staatsschulen verdorbenen Priester schicke, der unter dem Scheine eines katholischen Priesters in Euren theuern Gemeinden das Unkraut der modernen Cultur aussäen würde.

VI. Gesetzentwurf, betreffend den Mißbrauch der geistlichen Amtsgewalt.

Er steht an Wichtigkeit dem vorigen am nächsten. Im Allgemeinen geht dieser Entwurf von einem so weitgehenden Mißtrauen bezüglich des Mißbrauches der geistlichen Gewalt aus, daß man glauben könnte, das Großherzogthum Hessen sei durch diesen Mißbrauch am Rande des Unterganges und dieser Gesetzentwurf sei bestimmt, es davor zu bewahren. Man traut seinen Augen nicht, wenn man bedenkt, daß in den vierundzwanzig Jahren meiner bischöflichen Verwaltung noch nicht ein einziger Fall vorgekommen ist, in welchem sich das Großherzogliche Ministerium über Mißbrauch der geistlichen Gewalt von meiner Seite oder über die politische Haltung der Priester meiner Diöcese beschwert

hat. Auch dieses Gesetz beruht daher nicht auf einem wirklichen Bedürfniß, sondern lediglich auf den Forderungen des Culturkampfes. Das Großherzogliche Ministerium muß aber in der That einen sonderbaren Begriff von Religion und Christenthum haben, wenn es glaubt, die Staatsangehörigen durch so viele Gesetzparagraphen, durch so viele Controlen, Strafen, Maßregeln u. s. w. gegen die Gefahren, die ihnen von der Religion her drohen, schützen zu müssen. Hätte das Volk doch auch ähnliche Mittel, um sich gegen den Mißbrauch der Staatsgewalt schützen zu können! Man könnte Angesichts dieser gesetzlichen Festungsmauern, welche den armen Staat gegen die Angriffe der christlichen Kirche schützen sollen, in der That versucht sein zu glauben, daß derselbe keinen größern und gefährlichern Feind habe als diese, und daß es hiernach im Grunde besser sei, die christliche Kirche als für sich bestehende Anstalt gleich ganz abzuschaffen und ihre Angelegenheiten einem neu zu schaffenden Ministerium zu übertragen. Der Heilige des Protestantenvereins, Richard Rothe, hat ja auch bereits den Gedanken ausgesprochen, daß eine Kirche neben dem Staate in der Gegenwart nicht mehr zeitgemäß sei, vielmehr die Kirche in dem Staat nunmehr aufgehen müsse. Diese echte Culturidee liegt der Sache nach der ganzen modernen Gesetzgebung in Deutschland bezüglich der Kirche zu Grunde. Möge man denn auch den Muth haben, der Sache den rechten Namen zu geben, und offen erklären, daß die christlichen Kirchen im modernen Culturstaate aufgehört haben zu existiren und daß ihre Mission auf das Staatsministerium übergegangen sei. Dann weiß doch das christliche Volk, woran es ist, und dann hat man Gesetze mit endlosen Paragraphen über den Mißbrauch der geistlichen Amtsgewalt nicht mehr nöthig.

Im Einzelnen hebe ich folgende Bestimmungen dieses Gesetzes, welche direct die Grundverfassung der katholischen Kirche zerstören, hervor.

Wir haben bereits vorher gehört, daß schon im Jahre 1818 der württembergische Minister Freiherr von Wangenheim bei Er-

öffnung der Frankfurter Conferenzen den großen Cullurgedanken
aussprach, daß es bei der zu schaffenden kirchlichen Gesetzgebung
für die kleineren protestantischen Staaten Deutschlands hauptsächlich darauf ankomme, den Usurpationen der römischen Curie entgegenzutreten, die deutsche Nationalkirche ihrem Einflusse zu entziehen und dagegen ihre Leitung selbst zu übernehmen. Dieser
große Cullurgedanke der Trennung der Kirche von ihrem rechtmäßigen Oberhaupte, findet nun im Art. 5 dieses Gesetzes: „Die
kirchliche Disciplinargewalt über Kirchendiener darf nur von deutschen kirchlichen Behörden ausgeübt werden," seine volle Verwirklichung. Damit wäre das sichtbare Haupt vom Körper der
Kirche getrennt und da der Staat nach Inhalt dieses Entwurfes
über alle Disciplinarangelegenheiten die oberste Entscheidung hat,
so hätten wir jetzt statt des Papstes in Wirklichkeit ein neues
Oberhaupt, nämlich das Großherzoglich Hessische Ministerium.
Der fanatische Schrei, welcher neulich in Mainz ausgestoßen
wurde: „Los von Rom!" wäre damit erfüllt. Der Umstand, daß
dieser Artikel an der Gesinnung der Katholiken scheitern, daß
man ihm zum Trotz die oberste kirchliche Disciplinargewalt des
Papstes anerkennen, die oberste Disciplinargewalt des Großherzoglichen Ministeriums nicht anerkennen wird, benimmt diesem
Paragraphen nicht seine Bedeutung. Ein Papst, der in der katholischen Kirche im Großherzogthum Hessen über Bischöfe, Priester und Volk die Disciplinargewalt in eigenem Namen nicht
mehr ausüben darf, ist nicht mehr der Papst der katholischen
Kirche, sondern eine leere Schattengestalt; ein Ministerium dagegen, welches über die Handhabung der kirchlichen Disciplinargewalt in oberster Instanz entscheidet, trägt zwar nicht den Namen des Papstes, es übt aber seine Rechte. Mit dem Inslebens-
treten dieses Gesetzes hätten wir grieblich einen Schattenpapst in
Rom und einen wirklichen Papst in der Person eines Ministers
in Darmstadt, der eine sehr ehrenwerthe Persönlichkeit sein kann,
dem wir in allen weltlichen Dingen mit Achtung und Folgsamkeit
verfügen werden, so lange unser erhabener Landesherr ihm diese Stelle
anvertraut, den wir uns aber als Papst durchaus verbitten müssen.

Als Beispiel von der Tragweite dieser Bestimmung möge
Folgendes hier angeführt werden. Bekanntlich hat der Papst
den Dr. Reinkens in der feierlichsten Weise bis zu seiner Beleh-
rung mit dem großen Banne belegt und ihn aus der katholischen
Kirche ausgeschlossen. Nach den jetzt gültigen Gesetzen kann
schon deshalb das Großherzogliche Ministerium den Dr. Reinkens
nicht als rechtmäßigen katholischen Bischof ansehen, da der Papst
ohne allen Zweifel das Recht der Excommunication besitzt. Anders wäre es nach dem vorliegenden Gesetze. Der Papst könnte
dann einen ungläubigen oder sittenlosen Bischof, einen unglău-
bigen oder sittenlosen Priester, einen ungläubigen oder sittenlosen
Professor an den Staatsschulen nicht mehr von der Kirche aus-
schließen und so lange nicht eine deutsche kirchliche Behörde die
Excommunication aussprache, müßte er machtlos zusehen, wie die
Kirche von solchen Männern verwüstet würde. Da ein solcher Bischof
aber nicht sich selbst excommuniciren wird, so brauchte er dann
nur ein williges Werkzeug einer feindseligen Regierung zu sein,
um unbehelligt eine ganze Diöcese zu Grunde zu richten.

So wie dieser Gesetzentwurf aber den Papst ohnmächtig macht
und seine Gewalt auf den Staat überträgt, so macht derselbe es
auch mit dem Bischof. Neben dem Schein-Papst will er der Kirche
auch Schein-Bischöfe geben. Ihre Disciplinargewalt, deren Handhabung durch die Kirchengesetze genau geregelt ist, gegen deren
Mißbrauch sich jeder Priester und Katholik durch Appellation an
die dem Bischof vorgesetzten Instanzen schützen kann, wird in
allen wichtigen Angelegenheiten der Controle und der obersten
Entscheidung der Staatsbehörde unterstellt. Namentlich gilt dies
nach Art. 8 und 10 von Entscheidungen über Entfernung aus
dem geistlichen Amte. So lange das Großherzogliche Ministerium den Betreffenden die Entfernung nicht übertrug, so macht derselbe es
der Betreffende im Besitz des mit der Stelle verbundenen Amtsein-
kommens; erst die Zustimmung des Ministers macht die Entscheidung
des Bischofs in dieser Hinsicht wirksam. Damit ist aber eines der
wesentlichsten bischöflichen Rechte dem katholischen Bischofe entzogen
und beziehungsweise dem protestantischen Staatsminister übertra-

gen. Wie tief dieses in einzelnen Fällen die Diöcesanverwaltung lähmen und das Wohl der Gemeinde verletzen kann, liegt auf der Hand!

Aber noch viel weiter gehen Art. 13 ff. dieses Gesetzes. Sie flotuiren für alle Kirchendiener bezüglich des Besitzes ihres Amtes, also bezüglich einer rein kirchlichen Angelegenheit, eine noch nie dagewesene Willkür, die absoluteste Rechtslosigkeit. Art. 13 bestimmt: „Kirchendiener, welche die auf ihr Amt oder ihre geistlichen Amtsverrichtungen bezüglichen Vorschriften der Staatsgesetze oder die in dieser Hinsicht von der Obrigkeit innerhalb ihrer Zuständigkeit getroffenen Anordnungen so schwer verletzen, daß ihr Verbleiben im Amte mit der öffentlichen Ordnung unverträglich erscheint, können auf Antrag der Staatsbehörde durch Urtheil des Gerichtshofes für kirchliche Angelegenheiten (Art. 23) aus ihrem Amte entlassen werden." Art. 21 bestimmt dann, daß dieser Gerichtshof seine Entscheidungen trifft, „ohne an positive Beweisregeln gebunden zu sein, nach seiner freien aus dem ganzen Inbegriff der Verhandlungen und Beweise geschöpften Ueberzeugung," wofür dann einige allgemeine Gesichtspunkte angegeben werden; und endlich der Art. 24, daß dieser Gerichtshof „endgiltig, mit Ausschluß jeder weiteren Berufung," entscheide. Das ist die Krönung des Werkes, welches wir nach dem Geiste dieser Gesetzentwürfe bisher betrachtet haben. Dadurch werden alle Kirchendiener, Bischof und Priester, verurtheilt, blinde Vollstrecker aller bisher erlassenen oder in Zukunft zu erlassenden Staatsgesetze und aller innerhalb ihrer gesetzlichen Competenz ergehenden Verfügungen der Staatsgewalt zu sein, so daß der Widerstand zur Entlassung aus dem Amte führt. Eine Berufung auf Gott, auf Christus, auf das Gewissen ist für die Zukunft dem Diener der Kirche, dem christlichen Priester, nicht mehr gestattet. Da aber ein Gerichtshof mit solcher Competenz nicht einmal für die Staatsdiener besteht, so wären die Kirchendiener zu einer Unterwürfigkeit unter die Gesetze und Anordnungen der Behörden verurtheilt, wie sie noch nie einem selbstständigen Menschen zugemuthet worden ist.

Durch dieses Gesetz wird aber nicht nur die Verfassung der Kirch direct zerstört, nach welcher nur der Papst die Bischöfe, und nur die Bischöfe und die bischöflichen Gerichte die Geistlichen aus ihrem Amte entfernen können, sondern es wird im Widerspruch mit jeder gesunden Rechtsanschauung der geistliche Stand dem bloßen Ermessen einer weltlichen Behörde überwiesen. Bisher durften Bischöfe Priester von ihrem Amte nur dann entfernen, wenn solche Gründe vorlagen, die im kanonischen Rechte glauben und nach der gesetzlichen Vorschrift bewiesen waren. Gegen dieses Urtheil kann durch zwei Instanzen appellirt werden. Von jetzt an soll ein weltlicher Gerichtshof, „ohne an positive Beweisführung gebunden zu sein," und zwar „endgiltig von jeder weiteren Berufung," Bischöfe und Priester ihres Amtes verlustig erklären dürfen. Ein solcher „Gerichtshof" trägt aber mit Unrecht den Namen eines Gerichts; in Wirklichkeit unterscheidet er sich in nichts anderem von der Cabinetsjustiz, als in der Hand, welche sie ausübt. Sobald dieses Colleg glaubt, daß das Verbleiben eines Geistlichen im Amte „mit der öffentlichen Ordnung unverträglich" sei, kann es ihn absetzen. Was das aber in der Gegenwart bedeutet, ist offenbar. Nach dem Urtheile der Culturkämpfer ist das Verbleiben im Amte aller wahrhaft katholischen Bischöfe und Priester „mit der öffentlichen Ordnung unverträglich." Im Fortgange des Culturkampfes würde es daher nur mehr eine Frage der klugen Berechnung sein, wann es, ohne das katholische Volk zur Verzweiflung zu bringen, angemessen erscheinen könnte, bald den einen, bald den andern Bischof und Priester abzusetzen, um einen Culturpfaffen Platz zu machen [1]).

1) In welche Lage katholische Bischöfe und Priester durch einen solchen „Gerichtshof, der nach freiestem Ermessen über ihr Verbleiben entscheidet, kommen können, ergibt sich aus Folgendem. Bekanntlich ist der Freimaurerorden im Geheimen sehr verbreitet. In gewissen Organen der Freimaurerei gibt sich nun ein wahrer Haß gegen die katholischen Priester zu erkennen. Ein Beispiel aus allerjüngster Zeit bietet uns Nr. 33) und 34 der „Freimaurer Zeitung, Handschrift für Brüder" vom 15. und 22. August dieses Jahres. Dort wird die Frage beantwortet: „Wie soll sich die Freimaurerei dem Benehmen der römischen Priester gegenüber verhalten?" Wir wollen aus

VII. Gesetzentwurf, betreffend die rechtliche Stellung der Kirchen und Religionsgesellschaften.

Erst jetzt sind wir im Stande die Tragweite des in der Ueberschrift angegebenen Gesetzentwurfes, welcher die allgemeinen

der Antwort folgende Stellen hervorheben: „Kaum sind wenige Wochen verflossen, seit der Verfasser einiger Zeitungsartikel, in welchen er diese Priester eine kirchliche Pfaffenhierrschaft, ein faules, geseltzloses Kirchenregiment, in dem Alles darauf abziele, dem Papst möglichst viel Geld zu verschaffen, nannte, in Anklagestand versetzt wurde. Wenn nun der Gerichtshof freisprechend erkannte, sind wir zur Annahme geneigt, für obige Behauptungen sei der Beweis der Wahrheit mit Erfolg erbracht worden. . . . . . . Wenn nun dieser Mensch (nämlich der „finnige Mensch", wie ihn der Artikelschreiber sich vorstellt) mit unparteiischem Auge das gegenwärtige Auftreten der römischen Priester beobachtet, wird er zweifelsohne sich selbst sagen müssen: Schon die Erziehungsanstalten verstehet ihr in ihr Gegentheil; wo es angeht, lasset ihr die Jugend in Unwissenheit, um das einfältige Volk nach eurer Willkür mißbrauchen zu können, wo es aber nicht angeht, lehret ihr statt der wahren Religion der Liebe, eine kalte bloß formale Religion im ultramontanen Parteisinne. Kanzel und Beichtstuhl dienen fast nur noch dazu, das Volk gegen seine Staatsgewalten aufzureizen; zwischen Bürgern, die sonst friedlich neben einander lebten, Zwietracht und Feindschaft zu säen und zu nähren; das Kind gegen die Mutter, die Schwester gegen den Bruder, das Weib gegen den Mann aufzuhetzen. Ja, ihr scheut euch nicht, eure Gehässigkeit und feindseligen Gesinnungen bis über Tod und Grab hinauszutragen und dies in einem gesteigerten Maße, seit im Vatican römisch unterwürfiger Gehorsam und verdächtiger Sclavensinn über deutschen Geist und deutsche Vernunft, römische Unwissenheit über deutsche Wissenschaft, römische Lüge über deutschen Wahrheitssinn und deutsche Forschung triumphiren durfte."

So geht es nun durch zwei Nummern hindurch, ganz im Geiste moderner Cultur. Alles was sich nur an Niederträchtigkeit aussticeren läßt, wird in diesem Gemeindeblatte gegen den katholischen Priester behauptet. Am Ende des zweiten Artikels kommt dann der Verfasser zur Beantwortung der vorher aufgestellten Frage, wie sich die Freimaurerei gegen den römischen Priester zu verhalten habe und sagt: „Hiernach wird nun wohl jeder Maurer, so weit es ihm die eigene Kraft und geistige Umstände gestatten, und in der Ueberzeugung, die Unwahrheit habe kein Recht auf ein Bestehen, gegen die römische Lüge, aufzutreten haben, kraft seiner Maurerpflicht und seines Maurereides, ohne daß er eine besondere Stellung einnehme, nicht bloß um Schaden und Gefahr von sich und den Seinen abzuwenden, sondern um zu pflegen die Wahrheit um der Wahrheit willen und zu hassen die

Principien über das Verhältniß zwischen Kirche und Staat aussprechen soll, richtig zu würdigen. Er steht zwar in der Reihenfolge der Regierungsvorlagen an erster Stelle; wir mußten aber zuvor den Inhalt der hauptsächlichsten übrigen Gesetze kennen lernen, um bestimmen zu können, welchen Sinn das Großherzogliche Ministerium mit diesen allgemeinen Principien verbindet.

Wenn wir nun das vorliegende Gesetz mit den übrigen Gesetzen vergleichen, so kommen wir zu folgenden Resultaten: dieses Gesetz spricht zwar in Allgemeinen über das Verhältniß zwischen Kirche und Staat einen Grundsatz aus, welcher die Bedürfnisse eines geordneten Staatswesens und die Freiheit der Kirche in gerechter Weise zu berücksichtigen scheint; durch die Deutung aber, welche Großherzogliches Ministerium demselben in

Lüge um der Lüge willen." Nachdem er dann jene Unthätigkeit der Maurer in diesem Kampfe gegen die römischen Priester, wie er sie katholischen Priestern in echter Freimaurerart immer nennt, als verwerflich bezeichnet hat, schließt er mit den Worten: „Darum auf meine Brüder zur Arbeit! Augen wir zunächst sehen, auch den geringsten Zeitabschnitt gewissenhaft aus, damit wir mit der Schärfe des Verstandes und der Schärfe des seligenden Wortes stets wohl ausgerüstet sind und treten wir dann Mann an Mann, Bruder an Bruder geschaart, bei jeder sich bietenden schicklichen Gelegenheit entgegen den Einrichtungen der römischen Priester, welche die Vernunft und das Schwergefühl zugleich verletzen, welche eine Gefahr und eine Schmach für das Menschengeschlecht bergen. Dann werden wir Maurer sein, wie der Maurer sein soll, nicht bloß Maurer mit den Lippen, sondern mit dem Herzen und der That."

Wenn aber die Freimaurer solche Ausbrüche des Hasses gegen die katholische Kirche dulden, so dürfen wir wohl annehmen, daß dieser Geist viele Freimaurer erfüllt und daß mit wenig wenige Logen die Pflanzstätten sind dieser erfüllten Gesinnung sind. Von hier aus verbreitet sie sich über das öffentliche Leben und die Tagesblätter. Wie denke man sich die Lage eines katholischen Bischofs oder Priesters vor einem Gerichtshofe, welcher, vielleicht großentheils aus Logenbrüdern zusammengesetzt, „ohne an positive Beweisregeln gebunden zu sein," darüber zu entscheiden hat, ob sein „Verbrechen im Amte mit der öffentlichen Ordnung im Lande unverträglich erscheint!" Sie werden jo dem „Menschengeschlecht" keinen bessern Dienst erweisen können, als wenn sie in dem Angeklagten „eine Schmach für das Menschengeschlecht!" beseitigen.

den übrigen Gesetzentwürfen gibt, wird er in das gerade Gegentheil von dem verkehrt, was er seinem natürlichen Wortlaute nach zu enthalten scheint. Die angebliche Selbstverwaltung wird so das Mittel, um die Kirche jeder Selbstverwaltung zu berauben. Dadurch aber wird dieser Gesetzentwurf mit seinem allgemeinen Princip zu einer leeren und inhaltslosen Phrase, die nur geeignet ist, den wahren Charakter desselben zu verdecken und das Volk zu täuschen.

Es scheint in der That in der neueren Gesetzgebung bereits Methode zu sein, die freisinnigsten allgemeinen Grundsätze überall mit Vorliebe an die Spitze zu stellen, bald in der Verfassung, bald in andern Gesetzen, ob sie dazu passen oder nicht — gewissermaßen als Aushängeschilde und Empfehlungen für das Publikum; dann aber, in vollem Widerspruch mit diesem Aushängeschilde, Ausführungsgesetze, ja, wenn nöthig, auch Ausnahmegesetze zu erlassen, die jede Freiheit des Individuums und der Corporationen wiederum ersticken. Am Weitesten wird aber diese Zweizüngigkeit in der Gesetzgebung in diesem Augenblick der Kirche gegenüber getrieben. Wenn man einmal keine Freiheit der christlichen Kirche und überhaupt keine wahre Freiheit mehr will, dann möge man doch auch der Wahrheit zu Liebe diese freiheitlichen allgemeinen Redensarten weglassen und an Stelle des Satzes: „die Kirche verwaltet ihre Angelegenheit selbstständig“, das eigentliche und wahre Princip einer solchen Gesetzgebung setzen: die christlichen Kirchen haben in den neuen Culturstaaten nicht mehr das Recht, ihre eigenen Angelegenheiten selbstständig zu verwalten, sondern nur nach Anweisung und in den Schranken, welche ihnen der Staat jeweilig und widerruflich gibt und unter der oberen Leitung des betreffenden Ministers. Dann kömmt Wahrheit und Folgerichtigkeit in solche Gesetzgebung. Dadurch daß man über die Zelle eines Gefangenen die Ueberschrift stellt: der Bewohner sei ein freier Mann und bewohne ein liebliches Landgut, wo er sich frei bewegen könne, wird der arme Gefangene kein freier Mann.

Die Beschränkung der Selbstverwaltung im Art. 4, welcher

lautet: „Die evangelische und die katholische Kirche, sowie jede andere, mit Corporationsrechten versehene Religionsgemeinschaft, ordnet und verwaltet ihre Angelegenheiten selbstständig, bleibt aber den Staatsgesetzen und der Oberaufsicht des Staates unterworfen. Insbesondere kann keine Kirche oder Religionsgesellschaft aus ihrer Verfassung oder ihren Verordnungen Befugnisse ableiten, welche mit der Hoheit des Staates oder mit den Staatsgesetzen in Widerspruch stehen“ — beanstande ich nicht. Dieser Zusatz hat nämlich in paritätischen Staaten eine Berechtigung, wenn er nur in einer gerechten Weise und im Geiste wahrer Freiheit interpretirt wird.

Dagegen folgt mit logischer Nothwendigkeit aus dem ersten Satztheile: „die evangelische und katholische Kirche .... ordnet und verwaltet ihre Angelegenheiten selbstständig,“ daß der Staat auch ein „Selbst“ für die Kirche anerkennen muß; daß es auf dem Gebiete, wo das „Selbst“ der Kirche liegt, dieselbe nach eigener Verfassung und nach eigenen Grundsätzen und im eigenen Namen schalten und walten lassen muß; daß er endlich nur dann den rechtlich bestehenden Religionsgesellschaften hemmend entgegentreten darf, wenn sie das Gebiet ihres eigenen „Selbst“ überschreiten. Von Selbstverwaltung der Kirchen reden, wo die Kirchen kein „Selbst“ mehr haben, heißt ein Spiel mit Worten treiben. Wenn daher der moderne Culturstaat kein eigenes Gebiet für die Kirche mehr anerkennt, wenn er für sich das Recht in Anspruch nimmt, über das, was nach Natur und Geschichte zum Wesen der bestehenden Kirche, ja zum Wesen des Begriffes einer Religionsgesellschaft gehört, durch Staatsgesetze beliebig zu verfügen, so kann von einer Selbstverwaltung einer Kirche keine Rede mehr sein. Diese besteht wesentlich nicht darin, daß vorläufig noch kirchliche Organe, mit den früheren Bezeichnungen, die kirchlichen Angelegenheiten besorgen und daß man statt ihrer nicht bereits Staats- und Polizeibeamte mit dieser Geschäftsführung betraut, sondern in einem selbsteigenen Gebiete, um das sich der Staat nicht bekümmert, so lange die Grenzen desselben nicht überschritten werden. Wenn z. B. der Staat das innere Hausrecht anerkennt, so verzichtet er damit auch auf das Recht, die innere

Hausordnung durch Gesetze zu reguliren. Wäre dagegen diese gesetzlich durch eine Polizeiordnung fixirt, so würde der Hausherr die Selbstverwaltung seines Hauses noch nicht dadurch haben, daß er als Functionär des Staates die Polizeiordnung in seinem Hause zu vollstrecken hätte.

Ich weiß nun wohl, daß die jetzt vorgeschlagenen Gesetze noch nicht das ganze Gebiet aller zum Wesen einer Religions-gesellschaft gehörigen Angelegenheiten absorbiren, so daß man bezüglich des noch vorhandenen Restes etwa noch von Selbstver-waltung reden könnte. Sobald aber der Staat einmal in das Gebiet eingreift, welches seiner Natur und der Geschichte nach zum Wesen einer Gesellschaft überhaupt und insbesondere zum Wesen einer Religionsgesellschaft gehört, so hat er das Princip der Selbstverwaltung gebrochen. Es hängt dann lediglich von seinem Belieben ab, wann er auch noch den Rest säcularisiren will. Er hat dann nicht mehr das Recht in seiner Gesetzgebung von Selbstverwaltung zu reden und sich dadurch den Schein eines freisinnigen Staates zu geben.

Daraus ergibt sich nun die berechtigte Bedeutung des Art. 4. Wenn mit den Worten: „Bleibt aber den Staatsgesetzen und der Oberaufsicht des Staates unterworfen," nur die allgemeinen Gesetze gemeint sind — die allgemeinen Gesetze des gesammten bür-gerlichen Rechtes, des gesammten Strafrechtes, der Gerichtsver-fassung eines Landes, so finden wir in unsern Verhältnissen nichts dagegen zu erinnern. In diesen allgemeinen Gesetzen liegt das wahre und berechtigte Correctiv gegen den Mißbrauch der Freiheit, welches auch der freieste Staat nicht entbehren kann. So ist es in allen wahrhaft freien Staaten. Wenn dagegen unter diesen Worten alle beliebigen Gesetze verstanden sind, auch jene, die sich auf das eigen-thümliche Recht der Kirche beziehen, im Geiste des absoluten Staates; auch jene Gesetze, welche also das „Selbst" der Kirche läugnen und katholische Kirche u. s. w. ordnet und verwaltet ihre Angelegenheiten selbstständig," gestrichen werden, wenn nicht zwi-schen dem Vorder- und Nachsatze ein unlösbarer Widerspruch be-

stehen, wenn nicht die offenbarste Unwahrheit in das Gesetz hineingetragen werden soll.

Wie jetzt aber die von dem Großherzoglichen Ministerium vorgeschlagenen Gesetze jedes „Selbst" der Kirche vernichten, ha-ben wir in den vorhergehenden Abschnitten eingehend auseinan-dergesetzt. Wie kann da noch von dem „Selbst" der Kirche die Rede sein, wo der Staat über die Ausbildung der Kirchendiener, über ihre Anstellung, über ihre Entfernung aus dem Amte, über die Disciplinargewalt der Kirche und ich kann, bezüglich der be-reits bestehenden Gesetze, beifügen, über die ganze Vermögensver-waltung derselben, in höchster Instanz entscheidet, und, wie es durch das Reichsgesetz geschehen ist, sogar die Verkündigung des Wortes Gottes unter Ausnahmegesetze gestellt hat. Man muß deshalb der Wahrheit wegen, entweder den Art. 5 dieses Gesetzes von der Selbstverwaltung streichen, oder die übrigen Gesetze fallen lassen. Wenn die katholische Kirche in Ketten gelegt wer-den soll, so kann man wenigstens diese Knechtschaft nicht Frei-heit und Selbstverwaltung nennen.

VIII. Gesetzentwurf, betreffend die religiösen Orden und ordensähnlichen Congregationen.

An diesem Gesetze zeigt sich das Gesagte und die letzte Con-sequenz der Principien, auf denen diese Gesetzvorlagen beruhen, im größten Lichte. Es ist eine treffliche Illustration zu unserer bisherigen Entwickelung der Freiheit nicht nur der Kirche, sondern auch des Individuums in seinen innerlichsten Seelenangelegenheiten.

Um der Sachverhalt richtig zu stellen, schicke ich die Be-merkung voraus, daß es sich bei allen religiösen Genossenschaften unseres Landes für die Mitglieder derselben nie mehr um Ver-pflichtungen handelt, welche durch keinerlei Mittel von den Obe-ren derselben oder der Staatsgewalt erzwungen werden können, sondern nur um Verpflichtungen, welche jedes Mitglied in jedem Augenblicke seines Lebens durch freie Entschließung auf-heben kann. Das gilt namentlich auch von der Wirkung der

Gelübde. Sie hängen lediglich von dem Gewissen des einzelnen Mitgliedes ab und es genügt die einfache Erklärung an den Oberen, daß man sie nicht länger beobachten will, und das Ueberschreiten der stets offenen Hausthüre, um sich ihnen zu entziehen.

Die Motive zu diesem Gesetze werfen zuerst einen Blick auf die frühere Gesetzgebung, dann suchen sie zu beweisen, daß man mit Unrecht für die religiösen Vereine die Freiheit des allgemeinen Vereinsgesetzes beansprucht, und sie bemühen sich endlich drittens, die „ernstesten Bedenken" in politischer und volkswirthschaftlicher Beziehung zu signalisiren, zu welchen diese Vereine Veranlassung geben und daher eine Specialgesetzgebung nothwendig machen. Alles, was nun in diesen Motiven gesagt wird, ist vom ersten bis zum letzten Satze entweder unrichtig oder nur wahr oder beruht auf Verdachtsgründen, für die nicht eine einzige Thatsache aus unserem Lande angeführt werden kann.

Bezüglich der früheren Gesetzgebung ist es unrichtig, wenn die Motive das Verbot der Orden durch die französische Gesetzgebung in einer Weise erwähnen, als ob es eine rechtlich unbestrittene Thatsache sei, daß jene Gesetze auch auf religiöse Privatgenossenschaften Anwendung finden. Unter religiösen Privatgenossenschaften versteht man eben solche, welche auf eine staatliche Anerkennung, auf einen staatlichen Schutz ihrer Genossenschaft keinen Anspruch machen, bei denen also das vorher erwähnte Verhältniß eintritt, daß ihr Verein ganz auf dem freien Willen der Mitglieder beruht. Da der größte und angesehenste Theil der französischen Juristen, an ihrer Spitze der berühmte Berryer[1], der Rechtsanschauung huldigen, daß solche Privatvereine von der französischen Gesetzgebung nicht berührt werden, so hätte in einer objectiven und unparteiischen Motivirung dieses nicht verschwiegen werden dürfen.

Bezüglich des zweiten Motives, welches beweisen soll, daß

1) Siehe meine Schrift: „Die Jesuiten in Mainz und die Beschwerde des Gemeinderathes bei den hohen Ständen." Mainz 1864.

man mit Recht den religiösen Vereinen die allgemeine Vereinsfreiheit entziehe und sie unter eine Specialgesetzgebung stelle, ist jeder hier vorgebrachte Satz unwahr.

Unwahr ist der erste Satz: „Wer in einen religiösen Orden eintritt, verläßt seine Familie, er gibt alle Beziehungen zu der menschlichen Gemeinschaft auf, die in der Familie wurzeln." Er verzichtet allerdings, so lange er der Genossenschaft freiwillig angehören will, auf den Eintritt in den Ehestand. Das Großherzogliche Ministerium wird aber doch wohl nicht behaupten wollen, daß alle diejenigen, welche nicht in den Ehestand eintreten, damit auf alle Beziehungen zu der menschlichen Gemeinschaft verzichten, die in der Familie wurzeln. Alle andern Beziehungen zur Familie aber bleiben für die Mitglieder der religiösen Genossenschaften bestehen, wie für alle andern Menschen, die ihres Lebensberufes wegen das elterliche Haus verlassen. Sie werden durch das Ordensleben nicht nur nicht geschwächt, sondern durch dasselbe noch inniger und tiefer. Wie ich in einer früheren Schrift bezüglich einer Erklärung des Großherzoglichen Ministeriums in der zweiten Kammer über die Jesuiten bewiesen habe[1], beruht die entgegengesetzte Deutung einzelner Sätze der Ordensstatuten auf handgreiflicher Mißdeutung und Unkenntniß des Sprachgebrauches der hl. Schrift.

Unwahr ist der zweite Satz: „Er entsagt dem persönlichen Eigenthum, oder wenigstens der Dispositionsbefugniß über sein Eigenthum ohne Genehmigung des Oberen." Er entsagt dem Allen nur, so lange er will und ganz in dem Umfange, wie jeder Andere seinem Eigenthum entsagen kann und wie es aus der Natur des Eigenthums von selbst folgt. In dem Augenblick, wo er seinen Willen äußert und selbst wieder über sein Eigenthum verfügen will, schützt ihn der Staat in der Uebung dieses Rechtes. Wie kann man aber, ohne in das Eigenthumsrecht einzugreifen, dem Eigenthümer ein solches Dispositionsrecht entziehen?

1) Kann ein Jesuit von seinen Oberen zu einer Sünde verpflichtet werden?" Mainz 1871.

Unwahr ist der dritte Satz: „Der in einen Orden eintritt, entsagt der Freiheit des Individuums." Er entsagt allerdings, so lange er freiwillig der Genossenschaft angehört, einem Theile seiner Freiheit. Aber das thun ja mehr und weniger alle Menschen, die einen Lebensberuf wählen, und vielfach in weit höherem Grade, als die Mitglieder einer religiösen Genossenschaft, ohne daß es noch einem Menschen eingefallen wäre, das eine Entsagung „der Freiheit des Individuums" zu nennen. Der Mann und die Frau, die in den Ehestand eintreten, der Dienstbote, der höchstens noch am Sonntag Nachmittags eine Stunde Freiheit behält, der Taglöhner und Fabrikarbeiter, der sein Leben in Verhältnissen zubringt, wo er nurmehr Freiheit zum Essen, zum Trinken und zum Schlafen hat, selbst ein Beamter, selbst ein Ministerialdirector, sie alle verzichten mehr und weniger auf ihre Freiheit, um von dem Militärstande ganz zu schweigen. Darf man das eine Entsagung „der Freiheit des Individuums" nennen? Warum werden diese nicht alle unter Schutzgesetze gestellt?

Unwahr ist der vierte Satz: „Er unterwirft sich willenlos dem Gehorsam, den ihm ein Anderer auferlegt." Aehnliches war auch in der berühmten Erklärung des Großherzoglichen Ministeriums in der Kammer bezüglich der Jesuiten ausgesprochen. Ich habe es als unwahr zurückgewiesen und die Unwahrheit unwiderleglich bewiesen. Hier tritt nun das Großherzogliche Ministerium abermals mit derselben Behauptung auf und gründet darauf die Nothwendigkeit seines Gesetzes. Ich weiß kaum, was ich zu solch einem Verfahren sagen soll. Ich erkläre daher abermals, daß es in den religiösen Genossenschaften überhaupt keinen willenlosen und unvernünftigen Gehorsam gibt, daß der Gehorsam sich nur auf an sich durchaus erlaubte Dinge bezieht, ähnlich wie alle übrigen Menschen, die sich in einem Verhältnisse der Unterordnung befinden und bezüglich der Tagesbeschäftigung auf die Besolgung des Willens ihrer Vorgesetzten angewiesen sind, und daß die Ordensleute sich diesem Gehorsam in bürgerlicher Beziehung nur so lange fügen müssen, als sie es eben wollen.

So unwahr und nichtig sind alle Gründe, welche die Motive dafür anführen, daß die religiösen Vereine dem allgemeinen Vereinsrechte entzogen und unter Ausnahmegesetze gestellt werden sollen. Wenn sie dann zur Bekräftigung dieser Ausnahmestellung sagen: „Dazu kommt, daß die klösterlichen Vereine Einrichtungen und Werkzeuge einer vom Staate mit öffentlichen Rechten bekleideten Corporation bilden," so ist dieses das letzte, aber auch das allernichtigste Argument. Abgesehen davon, daß ich auch hier wiederhole, daß mir ein Quentchen Freiheit lieber ist, als alle staatlichen Bevorzugungen, die ich mit Knechtschaft erkaufen soll, so ist doch der Schluß unglaublich: Weil die Kirche eine mit öffentlichen Rechten bekleidete Corporation bildet, deshalb müssen alle Einrichtungen der Kirche, wenn sie auch auf dem freien Willen ihrer Mitglieder beruhen und keinen Schatten öffentlicher Rechte für sich beanspruchen, unter Ausnahmegesetze gestellt werden. Mit fast gleichem Rechte könnte man sagen: Weil die Kirche eine staatlich anerkannte Corporation ist, deshalb müssen nicht nur ihre Einrichtungen, sondern Alle, welche ihr angehören, alle Katholiken unter Ausnahmegesetze gestellt werden. Die eine Schlußfolgerung ist ebenso unberechtigt, wie die andere.

Die in den Motiven an dritter Stelle ausgesprochenen „ernstesten Bedenken" in politischer und volkswirthschaftlicher Beziehung, zu welchen die religiösen Vereine Veranlassung geben sollen, entspringen alle aus ungerechtfertigten Beschuldigungen, für die nicht eine einzige Thatsache aus unserem Lande angeführt werden kann.

Ich übergehe, was die Motive in dieser Hinsicht über unsere ehrwürdigen Capuziner sagen, von denen sie behaupten, daß ihr Vorhandensein in politischer u. s. w. der Geistlichen illusorisch mache. Wenn das Großherzogliche Ministerium nicht jeder katholischen Lebensanschauung und der Gesinnung des katholischen Volkes im Großherzogthum Hessen so fern stände und mit Unbefangenheit katholische Institutionen beurtheilte, so würde es mit Anerkennung von Männern reden,

ungeweise. Die durch den Schulmeister andreffirte Vaterlands-
liebe ist keine Wahrheit, sondern bloßer Schein; wie das Ge-
bahren, als ob man in Deutschland jetzt viele Vaterlandsfeinde
zu bekämpfen hätte, auch eitel Lüge ist. Die Quelle des wahren Patriotismus ist das Herz der Eltern, ist die Familie, ist
die Liebe zur Heimath, ist die Gesinnung des Volkes. Von
Hause aus haben wir alle einen tüchtigen Vorrath von Vater-
landsliebe mitbekommen. Man gebe dem deutschen Volke gerechte Griffe, man regiere es nicht im Geiste des liberalen
Absolutismus, sondern der wahren Freiheit, dann wird uns das
Vaterland immer theurer werden. Der Versuch dagegen, Deutschland zu einer reinen militärischen Exercieranstalt zu machen und
dann den Buben durch den Schultroß Enthusiasmus für ein solches
System einzutrügeln, ist widerwärtig. Was sind das für pädagogi-
sche Anschauungen, welche sich in dem obigen Satze kundgeben!

Aehnlich sind die „ernstesten Bedenken" beschaffen bezüglich
jener Genossenschaften, welche sich der Krankenpflege widmen.
Auch bei ihnen soll wegen der Abhängigkeit der Schwestern von
ihren Ordensobern die Gefahr bestehen, daß die Interessen der
Anstalt, an der sie wirken, denen der Congregation nachgesetzt
werden, und daß sich der geistliche Einfluß stärker als der der
übrigen bei der Verwaltung betheiligten Organe, namentlich der
Aerzte, geltend mache." Was den ersten Vorwurf betrifft, daß
bei der Krankenpflege durch Ordensschwestern die Gefahr bestehe,
daß diese die Interessen der Anstalt, also die Interessen des
Krankenhauses, die Interessen der armen Kranken, den Interessen
ihres eigenen Ordens nachsetzen, so frage ich, was kann das
bedeuten? von welchen Interessen ihres Ordens kann hier
das Großherzogliche Ministerium reden wollen? Es ist nur
möglich, daß hier das Großherzogliche Ministerium die materiellen Interessen des Ordens gemeint hat. Wenn das aber
der Fall ist, dann liegt in diesem Satze eine die Ehre unserer
geistlichen Genossenschaften tief verletzende Verdächtigung.
Seit zwanzig Jahren wirken jetzt diese Ordensschwestern in
unsern Krankenhäusern. Tausende von Kranken haben sie

bei Tag und Nacht mit der äußersten Hingabe gepflegt. Eine
große Zahl, wie der Mainzer Kirchhof beweist, hat in dieser
Pflege das Leben geopfert. Für das Alles haben die Oberen
der Genossenschaft nie einen anderen materiellen Vortheil in
Anspruch genommen, als eine kleine Entschädigung für die Schwestern. Und nach dieser zwanzigjährigen Erfahrung nimmt man
keinen Anstand, öffentlich vor dem ganzen Lande, wie bei der
Bezichtigung der Jesuiten, daß sie im Gehorsam Todtsünden thun
müßten, den Schwestern gegenüber das Bedenken auszusprechen, daß
sie die Interessen ihres Ordens den Interessen der armen Kranken, für
die sie doch leben und sterben, für die sie in den Orden eingetreten, für die ihr ganzer Orden gegründet ist, vorziehen könnten.

Was aber den zweiten Satztheil anbetrifft, worin die Gefahr hervorgehoben wird, daß sich „der geistliche Einfluß stärker als der der übrigen bei der Verwaltung betheiligten Organe,
namentlich der Aerzte, geltend mache," so ist das wieder eine
jener Voraussetzungen, welche mit allen Erfahrungen im Widerspruch stehen. Die religiösen Vereine legen vielmehr ihren Mitgliedern die besondere Pflicht auf, den Anordnungen der Aerzte
pünktlich nachzukommen, als eine lange Erfahrung in so vielen
Krankenhäusern hat bewiesen, daß sie in der sorgfältigsten Befolgung der ärztlichen Vorschriften von keiner anderen Krankenpflege übertroffen werden. So besteht auch diese „Gefahr" nur
in der Einbildung des Concipienten der Motive.

Alle diese „ernstesten Bedenken" finden dann ihren Abschluß
in dem Satze: „Ueberhaupt liegt die Gefahr, daß dieser ganze
Apparat von der maßgebenden Leitung zur Bekämpfung des
Staates benützt und verwendet wird in der heutigen Zeit, in
welcher der Kampf zwischen den Ansprüchen der Hierarchie und
dem Rechten des Staates sich immer mehr verschärft, sicherlich
nicht fern." Großherzogliches Ministerium nennt also in den
officiellen Motiven zu seinen Gesetzen das ganze Ordenswesen
der katholischen Kirche, diese großartige Erscheinung im Christenthum, welche bis zu seinen Anfängen hinaufreicht und sich über
die ganze orientalische und occidentalische Kirche verbreitete, so

daß nur der Protestantismus diese Einrichtung nicht kennt, lediglich einen „Apparat," womit man gewöhnlich eitele, überflüssige, innerlich nichtige und werthlose Dinge bezeichnet, was gewiß weder eine sehr hohe Anschauung, noch eine sehr freundliche Gesinnung gegen katholische Einrichtungen bekundet. Wenn nun aber Großherzogliches Ministerium kein Bedenken findet, den Verdacht auszusprechen, daß die maßgebende Leitung der religiösen Genossenschaften dieselben zur Bekämpfung des Staates benutzen werde, so muß ich vor Allem bemerken, daß nach den Gesetzen der Kirche die Oberaufsicht über die Orden und ihr ganzes Wirken in der Diöcese dem Bischof zusteht und daß daher jener Verdacht mich selbst trifft. Das Aussprechen eines solchen Verdachtes aber muß ich mit Indignation zurückweisen. Das Großherzogliche Ministerium hat weder in meiner bischöflichen Verwaltung, noch in dem Wirken der religiösen Genossenschaften in meiner Diöcese den mindesten Anhalt für einen so schweren Vorwurf und es kann daher nur in der überaus ungünstigen Gesinnung des Großherzoglichen Ministeriums selbst gefunden werden.

Ueber die volkswirthschaftlichen „ernsteren Bedenken," zu welchen die geistlichen Genossenschaften Veranlassung geben, spricht sich leider das Großherzogliche Ministerium nicht näher aus. Da es nicht schwer zu beweisen ist, daß gerade in dieser Beziehung das Wirken der Orden ein überaus segensreiches ist, so wäre es sehr interessant gewesen, die entgegenstehende Ansicht des Ministeriums näher kennen zu lernen.

Wenn die Motive nach allen diesen Unrichtigkeiten, und unbegründeten Anklagen endlich sagen, daß der Staat immer und überall das Recht besessen und ausgeübt habe, der Ausdehnung des Klosterlebens Schranken zu setzen, so ist auch dieser Satz, so wie er dasteht, unrichtig. Bis zum Beginn der Anklärungsperiode hat der Staat weder in katholischen, noch auch in protestantischen Ländern, soweit in letztern die katholische Religionsübung durch den westphälischen Frieden gesichert war, das Recht in Anspruch genommen, das Klosterwesen zu beschränken. Erst seit etwa hundert Jahren hat der

Staat auch in katholischen Ländern solche Rechte beansprucht; aber auch dies geschah direct und unmittelbar immer nur bezüglich solcher Klöster, die für sich öffentliche Rechte in Anspruch nahmen. An Beschränkung religiöser Vereine, welche lediglich auf dem Willen der Mitglieder beruhen, dachte man nicht. Es ist daher eine ganz ungerechtfertigte Uebertreibung, wenn die Motive von Rechten des Staates reden, welche er immer und überall besessen und ausgeübt habe. Man konnte vielmehr mit größerem Rechte sagen, daß Rechte, wie sie in dem vorliegenden Gesetze beansprucht werden, noch nie und in keinem protestantischen Staate und nur in den rein protestantischen Staaten einer früheren Periode zu Geltung gekommen sind.

Aber einen Gesichtspunkt übergehen die Motive, welcher der schwerwiegendste von allen ist, das nämlich eine Gesetzgebung wie die vorliegende über die religiösen Genossenschaften die persönliche Freiheit in unerhörter Weise verletzt und eine Staatsvormundschaft über die innerlichsten Angelegenheiten der Seele begründet, die unerträglich ist. Jeder Volljährige besitzt nach freierer Wahl das unbestrittene Recht, ehelos zu leben, sein Vermögen nach Belieben zu verwenden, in eine abhängige Lebensstellung einzutreten, in derselben auf die persönliche Freiheit mehr oder weniger zu verzichten u. s. w. Dieses allgemeinen ausnahmslosen Rechtes sollen jetzt durch dieses Ausnahmegesetz jene beraubt werden, welche ihr Leben, in Gemeinschaft mit Andern, dem edleren Streben christlicher Nächstenliebe widmen wollen. Daß sie ehelos und außer dem elterlichen Hause leben wollen, daß sie ihr Vermögen gemeinschaftlich zu milden Zwecken verwenden, daß sie auf die Freiheit verzichten, um sie ganz, um alle ihre Kräfte ihren Mitmenschen zu widmen, daß sie um Christi willen in erlaubten Dingen geistlichen Oberen gehorchen wollen, soll ein hinreichender Grund sein, sie für minorenn zu erklären, sie unter Staatsvormundschaft zu stellen, ihnen die Freiheit über ihr eigenes Selbst zu entziehen. Die vorher betrachteten Gesetze nehmen der Kirche ihr Selbst, dieses Gesetz nimmt Allen, welche in Gemeinschaft Gott dienen wollen, ihr freies Selbst und die Verwaltung ihrer heiligsten innersten Gewissensangelegenheiten. Das ist einfach und klar die Bedeutung dieses Kirchengesetzes. Es geht in der Verkennung der persönlichen Freiheit bis an die letztmögliche Grenze. Die persönliche Freiheit, die dem Menschen gewahrt wird, der sie in jeder Hinsicht mißbraucht, um sein Vermögen zu verschwenden, um sich an Leib und Seele zu Grunde zu richten, soll jenen durch Gesetz entzogen werden, die ihre persönliche Freiheit in der höchsten und vollkommensten Weise, nach dem höchsten Ideale des Evangeliums gebrauchen wollen. Das ist nach unserem Ermessen die größte Unduldsamkeit, die unerträglichste Bedrückung!

Ich übergehe den fünften Gesetzentwurf betreffend das Besteuerungsrecht der Kirchen und Religionsgesellschaften, weil er von minderer Bedeutung ist.

Schluß.

Unsere bisherige Erörterung hat hinreichend bewiesen, daß das ganze System dieser Gesetzentwürfe beruht oder unbewußt ein Ausfluß der sogenannten modernen Cultur ist und mit den Grundlagen des Christenthums im absoluten Gegensatz steht.

Sie hat ferner ergeben, daß es daher für mich unmöglich ist, an der Vollziehung solcher Gesetze mitzuwirken, ohne selbst ein Verwüster an der Kirche Gottes und ein elender Miethling gegenüber der uralten Mainzer Diöcese zu werden.

Man hat, um diese offenbare Wahrheit abzuschwächen, freilich vielfach gesagt, es hätten ja ähnliche Gesetze früher in verschiedenen Staaten bestanden, selbst in der oberrheinischen Kirchenprovinz und im Großherzogthum Hessen. Man habe sich damals gefügt; das beweise ja hinreichend die Unrichtigkeit jener Behauptung.

Wahr ist es nun, daß die moderne Cultur nicht überall neu ist, sie ist vielmehr in ihrem Ursprunge so alt als der

erste Abfall von Gott. Sie hat als Vergötterung des Staates im Heidenthum bestanden; sie hat als Oberherrschaft des Staates über das ganze Gebiet des Christenthums durch die Vereinigung der staatlichen und kirchlichen Gewalt in einer Person seit der Reformation mehr und weniger in allen protestantischen Ländern geherrscht; sie ist seit der Epoche der Aufklärung vielfach auch in die katholischen Länder eingedrungen; sie hat endlich, seit katholische Länder protestantischen Fürsten in Deutschland als Entschädigung überwiesen worden sind, im vollen Widerspruch mit der übernommenen Verpflichtung, das katholische Kirchenwesen nicht zu beschädigen, fast überall die leitenden Grundsätze bei Behandlung katholischer Angelegenheiten hergegeben. Es war ja natürlich, daß die protestantischen Regierungen mit ihrer mehrhundertjährigen Tradition der vollen und unbedingten Oberherrschaft über alle kirchlichen Angelegenheiten, diese nun auch auf die katholische Kirche anwenden wollten.

In der Periode von 1803 bis 1818, wo die alten Diöcesen unterdrückt und die Theile derselben den verschiedenen Regierungen ohne Bischöfe, ohne allen kirchlichen Schutz, ohne alle Organisation überwiesen waren, wurden diese hülflosen Theile von den betreffenden protestantischen Regierungen ganz nach diesen Culturideen behandelt. Der lange Kampf von 1818 bis 1830 zwischen den Regierungen der oberrheinischen Kirchenprovinz und dem Papst war wieder ein reiner Culturkampf, nämlich das Bestreben, im Widerspruch mit der ganzen Verfassung und Lehre der katholischen Kirche, an Stelle des Kirchenregimentes das Staatsregiment einzudrängen. Er endete damit, daß man, nachdem der Papst unzählige Male die absolute Unerträglichkeit der katholischen Grundsätze mit den Forderungen der Regierungen nachgewiesen hatte, die päpstlichen Bullen, welche die nothwendige Freiheit der Kirche wahrten, zwar publicirte, zugleich aber einige Monate später, am 30. Januar 1830 eine Verordnung erließ, worin alle vom Papste im langjährigen Kampfe oft verworfenen Culturprincipien wieder aufgenommen waren. Aber schon am 30. Juni 1830 erließ der Papst jene

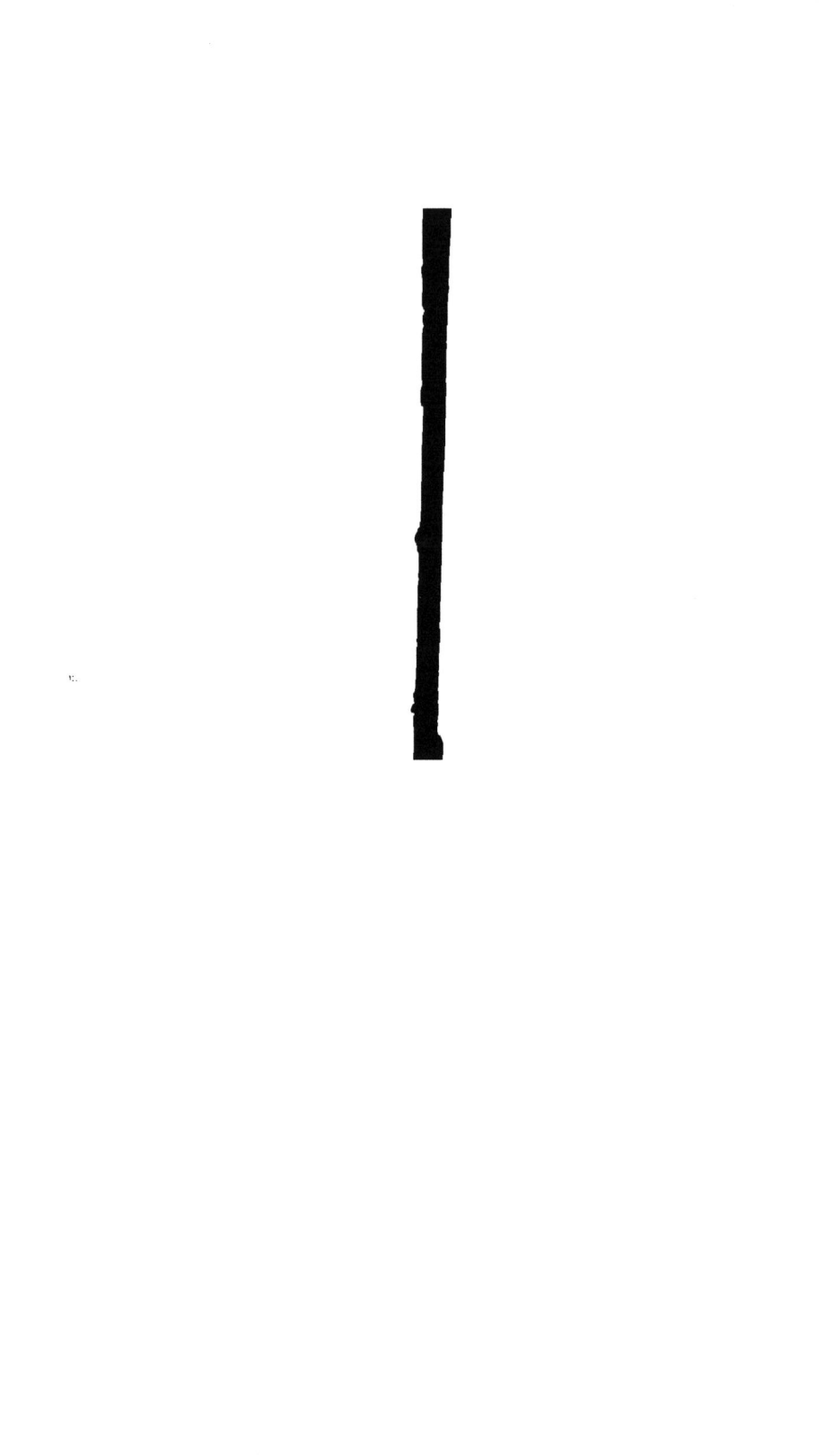

wirthschaft, welche in den letzten Jahren mit ihrer unbeschreiblichen Unsittlichkeit vielfach offenbar geworden ist und nicht zu den ungebildeten Volksklassen, sondern in jenen Klassen ihren Sitz hat, welche recht eigentlich die Träger der Cultur zu sein behaupten. Wir können uns darüber nicht wundern; das ist bereits eine Frucht der Bildung ohne Christenthum. Die Religion pflegt die Ideen und die ideale Seite des Menschen; wo sie zurücktritt, da bleibt nur der Materialismus, der zur Corruption führt. Eine gewisse verfeinerte Bildung kann diese Folge äußerlich bis auf einen gewissen Grad verdecken, aber nicht davor bewahren.

Diese Corruption wird noch wesentlich vermehrt durch die Mittel, welche bei diesem Culturkampf aufgeboten werden. Ich brauche nur an die Reptilienpresse zu erinnern, wo zahlreiche Schriftsteller sich daran gewohnen, nicht mehr nach innerer Ueberzeugung und Wahrheit zu schreiben, sondern lediglich nach dem Interesse der Partei. Wo aber der Wahrheitssinn in einem Volke vermindert wird, da wächst die Corruption. Ueberall nimmt man diese Wirkung des Culturkampfes wahr. Man pflegt einen unwahren lügenhaften Patriotismus, eine eitle prahlerische Selbstüberhebung, eine armselige Verachtung anderer Nationen, eine Art Vergötterung aller eigenen Parteimänner und freche Verlogenheit gegen alle Gegner. Wie muß das die Gesinnung des Volkes verderben! Zugleich sind die Regierungen, um den Kampf durchzuführen, darauf angewiesen, sich auch die schlechtesten Bundesgenossen gefallen zu lassen, auf Seiten des niedrigsten Servilismus zu stehen und alles, was noch Charakter und Gesinnung hat, zu Gegnern zu haben.

Endlich **fünftens** führt er zum Absolutismus und zu allen inneren politischen Kämpfen, die stets da die Kraft eines Volkes zerrütten, wo der Absolutismus herrschen will.

Das Wesen des alten preußischen Staates, wie er im achtzehnten Jahrhundert sich ausgebildet, war — Allgewalt des Staates in der Hand des Monarchen, geübt durch Bureaukratismus und Militarismus. Vielleicht in keinem Lande wurde der monarchisch-bureaukratisch-militärische Absolutismus so ausgebildet als in Preußen. Daß der Absolutismus sich oft liberale Formen gefallen läßt und sich an die Spitze liberaler Zeitbestrebungen stellt, darf dabei unser Urtheil nicht irre führen. Friedrich der Große, die Kaiserin Katharina von Rußland, Joseph II., die beiden Napoleone in Frankreich zeigen uns, wie wohl sich beides vereinigen läßt — Absolutismus und moderne Cultur, freilich nur bis auf einen bestimmten Punkt. Dieser ursprüngliche Geist des Preußenthums findet auch im Preußischen Landrecht seinen Ausdruck. Es ruht ganz auf der Allgewalt des Staates in der Hand des Staatsoberhauptes und bildet seine Selbstständigkeit neben derselben, auch nicht in Glaubenssachen. Ja selbst der Vater hat seine eigenen väterlichen Rechte und ist im Grunde nur Vormund über seine Kinder in dem Umfange, wie der Staat es ihm bestimmt.

Dieses Wesen des bureaukratisch-militärischen Absolutismus hatte sich in Preußen vollkommen entwickelt, bis es zuerst durch die Vereinigung großer katholischer Länderstrecken zu einer gewissen Modification seines Systems gezwungen war. Das lag in einer richtigen Politik; man mußte wenigstens einiger Maßen und in der Praxis auf die Allgewalt des Staates der katholischen Kirche gegenüber verzichten. Die inneren und äußeren Verhältnisse Preußens brachten das mit sich. Später wirkten dann der Aufschwung Preußens nach seiner tiefen Erniedrigung, die Freiheitskämpfe, die Thätigkeit hervorragender Männer und insbesondere die Regierung Friedrich Wilhelms IV. zusammen, um dieses ursprüngliche System vielfach zu modificiren. Gab es ja doch eine Zeit, wo nicht wenige christliche Männer in Teutschland, namentlich seit dem Regierungsantritt des zuletzt genannten erhabenen Königs, im Hinblick auf so viele im preußischen Staatswesen vorhandene lebenskräftige Bestandtheile sich der freudigen Hoffnung hingaben, daß Preußens Könige berufen seien, auf rechtlicher und christlicher Grundlage, zum Heile des Vaterlandes und zum Schutze wahrer deutscher Freiheit, unter den so vielfach durch Liberalismus und Absolutismus zerrütteten innerlich tobkranken Staaten Europas, ein gesundes und lebenskräftiges Staatswesen aufzubauen. Das war die weise Fort[..], auf die Männer wie Jarke hoffnungsvoll hinblickten. D[..] schwarze hat leider seitdem die volle Oberhand gewonnen. A[..] diese Hoffnungen christlich-conservativer Männer sind vollständig gescheitert.

Selbst die Rücksichtsnahme auf die katholische Kirche, welche je nach der persönlichen Gesinnung des Monarchen und der Zeitströmung mehr oder minder hervortrat, ist in demselben Augenblicke weggefallen, wo man sie im eigenen Interesse nicht mehr für nöthig hielt. Jetzt endlich scheint die ursprüngliche Idee des Preußenthums, die rücksichtsloseste Allgewalt des Staates, zur vollsten und ungeschmälertesten Geltung gelangen zu sollen. Darum ist auch der Culturkampf in demselben Augenblicke aber uns hereingebrochen, wo die Machtstellung Preußens den höchsten Gipfel erreicht hatte. Neben den andern Rücksichten, welche früher dazu beitrugen, die katholische Kirche einiger Maßen selbstständig gewähren zu lassen, bestand ehedem auch die, daß man die Religion nöthig zu haben glaubte, um sich den lästigen Liberalismus vom Leibe zu halten. Auch diese Rücksicht scheint jetzt geschwunden zu sein. Geblendet durch den unerwarteten Erfolg scheinen viele zu glauben, daß man nun jetzt an weder Gott noch Christus bedürfe und daß der preußische Militarismus Alles im Himmel und auf Erden leisten könne, um auf ihm die Allgewalt des Staates in der Hand des preußischen Monarchen auf immer zu befestigen. Wir müssen daher beürchten, daß dieser Absolutismus seine vollen Consequenzen nicht nur der Kirche, sondern auch jeder andern Volksfreiheit gegenüber ziehen werde. Er erträgt keine Freiheit, auf welchem Gebiet immer es sein mag. Er ist das absolute Gegentheil von der persönlichen Freiheit und folglich von dem eigentlichen deutschen Wesen und dem, was das deutsche Volk von jeher unter diesem verstanden hat. In seinem Geiste hat nur Einer Recht auf Erden, nämlich der Staat, und da der Staat keine lebendige Person ist, der, welcher die Macht des Staates für sich ausnutzt. Ihm gegenüber hat keiner ein Recht, sondern vielmehr nur die Pflicht, mit Leib und

Seele, mit Hab und Gut ihm zu dienen. Das ist die Freiheit der modernen Cultur.

Je weiter aber dieser Absolutismus im Kampfe gegen das Christenthum fortschreiten wird, um so viel mehr innere Kämpfe wird er uns bringen. Jeder Absolutismus ruft einen heillosen Kampf hervor, um den Besitz dieser obersten Gewalt im Staate. Drei Prätendenten streiten sich um diesen Besitz, die Monarchie, die Führer der liberalen Partei und endlich im Hintergrunde die politischen Führer der besitzlosen Klassen. Der Kampf unter diesen Prätendenten wird um so schneller hereinbrechen, je weiter der Culturkampf gegen die Religion voran schreitet. Nichts zerrüttet aber ein Volk mehr, als solche Parteikämpfe um den Besitz der politischen Gewalt. Das zeigen uns die parlamentarischen Kämpfe in Frankreich; das Ringen zwischen constitutioneller Monarchie und Parlamentarismus um die Oberhand. Sie führen endlich dahin, daß die Parteien nichts mehr kennen, als das Interesse ihrer Partei, und daß alle wahren und höheren Interessen des Volkes gänzlich außer Acht gelassen werden.

Das sind die nothwendigen Folgen des Culturkampfes. Er ruft einen erbitterten Kampf zwischen der Staatsgewalt und einem großen Theil des deutschen Volkes, das ihr treu ergeben ist, hervor; er beschädigt die Religion und alle Volks- und Staatsinteressen, die mit der Religion innig verbunden sind; er erzeugt Spaltung, Haß und Fanatismus im Innern des Vaterlandes; er erstickt alle idealen Richtungen und stürzt das Volk in die Corruption des Materialismus; er führt nothwendig zum Absolutismus des Staates und zu den politischen Parteikämpfen innerhalb des eigenen Volkes, bei denen alle wahren Interessen des Vaterlandes außer Acht bleiben.

Und dieser unheilvolle Kampf wird dem deutschen Volke aufgezwungen, ohne allen thatsächlichen Grund, lediglich zur Befriedigung der Phantasien einer Partei, welche sich mit der christlichen Weltordnung überworfen hat und nunmehr darauf ausgeht, ihre eigenen leeren, trost- und hoffnungslosen Wahngebilde dem christlichen Volke mit Gewalt aufzuzwingen.

Möge Gott unser Vaterland vor diesem Wahnsinn des Culturkampfes bewahren! Was aber auch immer kommen mag, die Kirche Gottes wird dabei nicht zu Grunde gehen, denn Gott ist mit ihr, und eine spätere Zeit wird es erkennen, daß nicht wir die Feinde des deutschen Vaterlandes gewesen sind, sondern vielmehr jene, welche dem deutschen Volk diesen unseligen Kampf aufgezwungen haben.

Unsere Lage, dem Culturkampf gegenüber, kann ich nach Inhalt dieser Schrift in zwei Sätzen zusammenfassen:

„Jener Theil des deutschen Volkes, welcher auf den höhern Staatsschulen gebildet ist und auf die Leitung der öffentlichen Angelegenheiten wesentlichen Einfluß übt, hat vielfach und zwar hauptsächlich durch den auf den Staatsschulen vorherrschenden Geist den christlichen Glauben verloren.

Diese Klassen der Bevölkerung begnügen sich aber nicht damit, nach ihrer dem Christenthum entfremdeten Weltanschauung mit voller Freiheit leben zu können, sondern sie unternehmen es — unterstützt von dem alten Gegner des Christenthums, dem mächtig gewordenen Judenthum — ihren Einfluß im öffentlichen Leben zu benutzen, um durch Staatsgewalt und Staatsgesetze das mehr als tausendjährige Recht des christlichen Volkes zu vernichten und ihm gewaltsam den christlichen Glauben zu entreißen.

Das ist die Lage der gläubigen Christen im Culturkampf.